お金磨きから学んだ「引き起こしの法則」

牧野義樹 著

セルバ出版

はじめに

お金を磨いたことはありますか。

私は、5年間で5万枚以上のお金を磨いて綺麗にしてきました。その磨いたお金をお釣りとして渡し続ける美容室を経営しています。お釣りを受け取ったお客様が結婚したり、就活に成功したり、入園、出産したりなど良い循環が生まれている話をお客様からいただくことが多くなりました。お金を磨くことで好転期に入ったのか、因果関係はわかりませんが、良い知らせが多くなっています。そして、お金を磨くことで気づいたこともたくさんありました。

お金を磨くことがすべての好転の始まりでした。お金を磨くことで見えてくることが、あまりにも多かったからです。お金を手放すことに執着しなくなり喜んで使えるようになりました。

人間関係とお金との付き合い方にも共通点が多くあります。トラブルや問題点の解消は、自分の姿勢と考え方で防げることも知るようになりました。そして、お金をたくさん持つことで幸せになれると思っていましたが、それぞれのステージで持つ悩みがあることを知ります。そして本当に幸せなことにも気づけました。お金に対する価値観が変わり、今まで持っていたイメージががらりと変わりました。ですから、引き寄せの法則や金運など幸せになる方法に対しても考え方が変わりました。そして、幸せになる考え方の順序もあります。自分の心構えや考え方、取り組む姿勢などお金を引き寄せるためには自分の中を変えていくことが重要です。どんな考え方をすればよいのか。

その考え方に変わるためにはどのような方法であれば変わられるのか。

未来をつくるには「引き起こしの法則」を使って叶えます。それを叶えるためにどんなに、小さい行動でも良いから行動をし続けることが重要です。それが未来につながっています。

正しい仕事の仕方や心構えや運気を上げるために行う儀式の仕方をお金磨きが教えてくれました。全て関係のない出来事のようなことがお金磨きを通してつながっていました。自分と向き合い自分を深く掘り下げて考える。そして自分の存在を通して人に貢献できるように行動をしていく。

ご先祖様からいただいた命は、自分の生きている時間を使って次世代に引き継いでいく役割を持っています。すべてが絶妙に絡み合ったバランスで良い未来をつくるようになっています。それらが、お釣りを渡したお客様に不思議な現象として起こっている事例を踏まえています。

お金を磨くだけで、お金や仕事に対して抱く気持ちの区切りを付けられます。気持ちに変化が起きて穏やかに物事をとらえられるようになったり、何気ないことに気づくようになりました。考え方、目に見えない運の流れを呼び込み、流していくことで見えない関係性が次々と結びついて本質の流れが見えます。本当に価値ある自分に気づくまでになりました。

本書は、磨き続けて、お釣りは綺麗なお金を配ることにこだわり続けていたおかげで、本当の自分の価値に気づくという内容構成になっています。

２０１６年３月

牧野　義樹

お金磨きから学んだ「引き起こしの法則」目次

第三章　お金磨きは引き寄せの法則と同じ

第四章　お金磨きでトラブルやリスクの回避

第五章　お金磨きをして転換期を迎える

第六章　事例から学ぶお金磨きとは

第七章　お金磨きで運を引き寄せる

第一章　お金を磨くと起こる変化

1　お金を磨くことになったきっかけ

サービスの一環

私は、美容室を経営しています。接客業としてサービスの視点から一流ホテルの接客や手法を学びにラウンジに行ったりしていました。そこでは、お札は新札をお客様に出しているのを見ました。これにヒントを得て私の美容室では必ず新札でお釣りを渡すようにしました。

そんな折に、友人の心理カウンセラーからお金磨きを教わりました。そこで、コインまでは一流ホテルでも磨いて渡していないので、一流ホテルを超える庶民派の美容室にしていこうと考えたのがお金を磨くようになったきっかけです。

そんな発想が生まれたのは、楽しさと飽きのこない刺激に興味が人一倍あったからでしょう。

ですから、私が接客するお客様との会話は、運気や気持ちをポジティブに変えるキッカケになる話や、今までにない視点を身に付ける話や新しいアイデアを見つけだす、新しい美容室というあり方にできたらと考えていました。

思ったら即行動するほうなので、心理カウンセラーの資格を取得したり、経営コンサルタントをコンサルする方に師を仰いで勉強したりと美容師以外にも精通した新しい風変わりな経験を積んでいる美容師をしております。もちろん本業の美容師も修行時代は、３６５日休みなしで、講習や練習などに参加しておりました。働いて勉強して、さらに日本を飛び出してロンドンのサロンでも働いておりました。

そんな私とお客様の会話は、本業の美容に関しての話よりも、経営に関してや新しいビジネスのアイデア、就活に関しての話や最近の世界情勢に関してなど多岐にわたります。

経営者なのでもちろん金融の話にも詳しくなりました。見た目は独身のように見られますが、３人の父親なので、夫婦間や子供の才能を伸ばすことなども話しております。

また、神社・仏閣への信仰や作法、風水、運気の話などスピリチャル的な話にも精通しております。オーソドックスな話題から美容室では起こりえない会話までいろいろな話をしているので、心理カウンセラーとしてお悩みの相談を受けるカウンセリング美容も行っております。

金運はどうすると上がると思う？

あるお客様からの質問です。その方は、のちに知るのですが、大成功を納めたYさんという方で独自の自分ルールを持っている方で、とても勉強になり、私の好奇心をくすぐる方だったのです。

お客様の中でも、会話がすごく弾み、勉強にもなる楽しい時間を共有できる良き師匠です。

質問に対して、そのときの私が答えた内容は、「私が見聞きした情報では神社を回ったり、風水などの占いを実践したり、お財布を満月にかざして、ありがとうを3回唱えたりする」など儀式的なことや占い的なことなどがあるんじゃないですか？　と伝えました。

そうするとその方は、「そんなグーグルで調べて取って付けたような答えではなくて、具体的に君は何をしているの？」と聞き返されました。

そのときの私は特に気にしていなかったのですが、思い当たったのは時間ができたときに「行きつけの神社にお礼と御加護をお願いしに行くくらいですかね」と返答しました。

それに続けて、「金運を望みすぎると他の運が下がる気がするんですよね」と加えました。

そのときの私の考えは、運の絶対量は決まっていてバランスの取れた運が自分に起きているのだと考えていました。

そうするとYさんは、すかさず、「違うなぁ」と瞬時に返ってきました。

自分の中で、「えっ！」と思っていましたが、Yさんは続けます。

「世間では金運が欲しくて、お守りや石や縁起物を身につけたりしているよね。

確かにそのような物で運の助けをかりることはできる。

そうして運気を呼び込むことに一生懸命になってしまう人がいるよ。仮に運気が集まったとして良くなる…とする。そうなると、さらに集めようと一生懸命になる。

でも結局、運気を集めることが目的なのか、運気を使って良くなる努力の助けとしていくのか、よくわからなくなる人がいる。何でも良いものを集めて収集して努力を怠る人が多すぎるんだよね」

努力をしながら、後押しを受けるように運を味方につけていくことが大切なんだけどね。

例えば、金運が良くなると人の妬み、嫉みも一緒に集まってくる。だからその妬み・嫉みに負けるような私利私欲のために金運を使い込む。自分の金運と人の妬み嫉みの集まったバランスが働いて運気が下がるような出来事が起こる。自分のためだけに使い、それを周りに誇示したりするから妬みや嫉みを生み出して、さらに大きくしてバランスを崩してしまう。だから、人のために親切な行いを始めるんだよ。金運を人のために使うことで、初めてそれは、より強く、より太く、金運が螺旋を撒いて上がっていくからどんどん良い気を流すようにしてあげたほうが良いんだよ。

例えば、事業をするにも人のためになることや社会の役に立つことをするみたいなことだよ。君は美容師だけど経営者でもあるから、従業員の給与や雇用体系をしっかり整えてあげるだけでお客様にも良い影響を与えられる環境にするとかね」

人のために使える多くのお金は、そのときの私にはありませんでしたが、環境整備でしたら整えられます。お金に関してお客様には、割引をしなくてはいけないという提案なのかと思いました。

特に余裕もあった訳ではないので、身銭を切って割引しても自分のためにもならないし、技術の正しい価値をお客様にも示せないのは、商いとしておかしいと思いました。

Yさんは、儲けることは税金を納める金額を増やすことになる。税金を納めることは社会貢献になる。技術の正しい価値を示して感謝が集まるから黒字になり社会に必要なお店になっていくのだよと伝えたかったようです。

お金磨きを教わり思い出したこと

お金磨きは知人の心理カウンセラーの方に教わりました。お金自体を磨くということに対して、咄嗟に過去でそういえば思い出があったと頭に記憶が蘇りました。

中学時代にトイレ用洗剤のサンポールを10円玉にかけると超ピカピカになる。と友人から教わっていたので、片っ端から家にある10円にサンポールをかけまくっていたことを懐かしく思いました。

綺麗なお金は、嬉しい気持ちになります。自分が買い物をしたときにいただくお釣りが真新しい綺麗なお金だったらなぜか嬉しいです。更に、もし磨いてピカピカにしてくれたコインをお釣りで手渡されれば、余計にそのひと手間がうれしい気持ちを生み出すだろうと想像できました。

そんなことまでしているお店はありません。やる意味もないですが、ただ、うれしいはずです。物理的にコインそのものが持つ金額は変わりませんが、何か価値が付いていてさわやかな気持ちにさせてくれます。

そうだ！　自分が簡単にできて、人のためになって、更に自分の金運を上げることにもつながるので、お金を磨いて、それをお釣りとして使えば、お客様が嬉しい気持ちになって、磨いてまでお釣りを渡しているお店は少ないので良い宣伝にならないか。それを1つの特徴にしました。
それ以来、うちに来たお金の邪念を取り払う気持ちで、きれいに(浄化）したお金として磨いてから社会に送り出すことを続けています。

2　お金を磨いてみたら・・・

さぁ　お金を磨き始めたら

お金を磨き始めた頃は、自分のお財布にある小銭を小まめに2～3日貯めて、ある程度の枚数になったら磨くようにしていました。最初磨き始めると、思った以上にきれいになっていき、それを見ることが面白く、心がウキウキ嬉しくて、気持ちが自然と入っていくので必要以上に力を込めて1枚1枚綺麗にしていました。

作業的には枚数も多くなく2～3日に10枚程度を磨きます。時間にして10分くらいにも関わらず、すごく手が痛くなり、歯ブラシの毛先の削りが早いこともしょっちゅうありました。

だから、現在お金磨きで感じているような奥深さや運気の好転に気づけていませんでした。

だけど、お金が綺麗になると、なぜか嬉しくなります。

新しいものや綺麗に輝くものには、何か人を嬉しくさせる効果があります。

磨いたお金を財布に入れておくだけですが、何か嬉しい気持ちでいられます。

財布を開く度に輝くお金を目にするのでテンションが上がり気分が晴れやかになります。

買い物をして支払いのときには、気持ち良く払える自分になっていることにビックリしました。

磨く前は支払いに関して、少なからずもう少し安くという「惜しい」気持ちが起こっていました。

しかし、お金を磨くことで気持ち良く支払えるようになります。

一種のマジックという驚き

気持ち良く支払えるようになったのは、一種マジックを仕掛けるように自分から店員さんにサプライズの場になるからです。

綺麗なお金を渡すという嬉しい気持ちのままサプライズを仕掛けられるんです。

支払うときに受け取った店員さんの表情を見るのが毎回楽しみになりました。財布からでてくる10円玉と5円玉が全部綺麗な状況は、そうそうありませんから。

ピカピカ輝くお金を見て新しいお金と思って手にしますが、手元のコインをマジマジみていると昭和のコインが信じられないくらい綺麗になっています。「あれっ！」と驚いた顔でコインの表と裏を確認してから、こちらに目を向けてくる様子が面白くて、こちらも笑顔で迎えてしまうからです。綺麗なコインをレジに入れるとき、ためらっている店員さんもいました。

お客様に悪い気分の影響ではなく、良い意味の驚きを届けることは自分の気持ちが上がり、相手にもさわやかな気持ちを届ける良い循環を生みます。

でも悪い循環のほうが最近は多い気がします。だからこそ、良い循環を生み出すことができるお金を磨くことは大切なことだと思いました。

例えば、お金をいっぱい持っている人は、余裕があります。他者へお金を使うことに何のためらいもなく使える余裕もあります。しかし十分なお金を持っていなければ、他者の満足のためにお金を使うどころか、自分がお金を欲しい欲しいという気持ちでも仕方ありません。なにせ、他者へ使ってあげるよりも自分に集めたい気持ちが強いですから。

それと一緒で人から受ける嫌な気持ちが多くて、許せることのできない方は、人から受ける嬉しい気持ちが充分ではないから許せるほど余裕がないのだと思います。ですが、お金を磨くことをすると汚れた気持ちや嫌な思いを人に渡すことをしなくなり、人から受けても流すことが不思議とできるようになりました。それは、自分の嫌な部分に向い合って受け入れることで人に対しても嫌な部分の理由を考えてあげて、受け入れる準備ができるようになるからでしょう。

まるで、お金磨きは自分の心磨きをしているような感覚になっていきます。

お金磨きを続けていたらコインが綺麗になるというだけではなく、自分の心にも作用する奥深さの入り口を知ったのかもしれません。

3　お金を磨くと起こる変化

返答の法則

お金磨きをしていて自分の心磨きをしている感覚にいきつくまでは、ただ綺麗になっていくコインを見るだけで面白く、やる気が起こって思いっきり磨いていました。

でも支払いが楽しい時期を過ぎる頃には自分の中で、これだけ磨いて浄化したお金を発信しているのに、お金が入ってくるとか、帰ってくるとか、仲間を連れてくるとか、渡した方々に感謝されたいとか、自分の行った行為に対して、返答の法則を評価として求めはじめた自分がいる時期もありました。

人間には自分のしている行動に対して反応が欲しい、結果も欲しい欲求があります。それがないと自分の存在意義を挫かれて自暴自棄になったり自信を無くしたりと良いとは言えない方向に心が向かってしまいます。

お金が貯まる、他者から褒められたりする、など特に大きな反応がないまま磨き続けていた時期もありました。磨けばきれいになります。1枚1枚年代や汚れ具合が違っても、1つとして同じお金はありません。人間の個性みたいです。返答の法則がないまま、反応も薄いまま磨くという行為だけは続きました。

同じ工程の繰り返しを積み重ねていると、刺激というか新鮮さが失われていき、何のためにやっているのかなど、目的を見失いつつ日常に流される習慣や「慣れ」に飲み込まれていくのです。

例えると、自己啓発などで気分が高揚して何かやる気になって事を始めようと意気込み、勇ましく行動しますが、周りの反応がないことで自分のやる気を挫かれたり結果が出ないから続けられないで、行動をやめてしまった方も多いという例です。

「慣れ」は人間の２つの特性から起こる

新入社員が新しい環境や仕事に慣れて日々の業務をこなせるようになってくると、目新しさもなく、褒められることも少なくなり叱られることのほうが多くなり、やがて心を込めて仕事することに心を込められなくなるような、「当たり前」という感覚になります。

お金磨きをしていても同じ現象の慣れが起こりました。

日常の流れに飲み込まれて反応もなければ、やる気も削がれて、いつしかお金磨きは、しなければならないことに変わっていました。なんで楽しいことをしていたのに、しなければいけない事のようになっていったのかと不思議でした。

あんなに楽しんで心を弾ませながらしていたことが、嫌な気持ちが大きくなって行動していたのです。それには、２つの人間として特性的な原因が存在しました。

１つは、人間が忘れる動物だから起きました。本来の目的や意味を忘れて行動だけが続いているから疑問が大きくなり嫌になります。

そして、もう1つは、返答の法則が成立していなかったからです。やってあげたことに無反応が続くことで、やっていること自体無駄のように考え、いつしか自分を自分で否定して、周りからも否定されていると思い込んで良くない考えを起こしてしまいました。

人間は相手の言動に対して無視すること自体が、トラブルの原因となることに気づきました。


当たり前と感謝は反義語？


同じ習慣で行動していると考えなくなり返答の法則も成立せずに当たり前になってしまいます。当たり前とは、感謝の反義語になります。感謝とは相手への敬意とありがとうの気持ちを込めて感じることです。自分の行動の反応がないまま、当たり前が続いていると、やる気に満ちた幸せを贈る目的も忘れて、行動だけが残ってしまい、そこに感謝という心を込められていない行動となってしまっていました。

お金を磨く意味を考えたり、感謝を込めたり、自分の心を整えるためにただ無心に磨いたりと行動に対して心が自然に込められているときは、お金自体のきれいな仕上がりに結果として現れます。

お金を磨くという行為を続けているだけで認知されなくてもお金が貯まらなくても、心を込めて丁寧に取り組むことで相手の反応へも影響を与えるくらい行動し続けることの大切さに気づきました。

大切な気づきと共に経営に関して続ける大切さも学べました。

善い行いは発信しないと認知されない事実です。

お店でお金を磨いてお釣りに使って渡していても、それを認識されないと意味がありません。人に認識をしてもらって価値を伝えないと存在しないこと（何もしていない）と一緒ということです。

世の中には、知られていないけど素晴らしいお店がたくさんあります。でも、知らないからこそ、そんなお店が消えてしまいます。

もし、そのお店がお店をつくった背景や想いや続けてきた歴史や苦労など、そのお店の存在価値の発信がなければ認知もされません。

身近な違った視点で表現しますと、毎日温かいご飯をできたてで出してくれるお母さんという存在です。

お母さんは、ご飯をつくって当たり前と思って、「料理をいただきます」なのか、お母さんの仕事の苦労や育ててくれてる事情を自分が知って、目の前の料理を「いただきます」なのか、どちらが自分の心に残り、価値を感じて感謝を持っていただけますか。

お金を磨くことで学べた大切なことは、想いを伝えないと気づいてもらえません。

お金磨きでお客様への気持ちを高めて、それをどう伝えるのかマーケティングにおける伝え方や表現方法など感情を想起させて伝える方法にもつながっていると気づけました。

4　磨きを続けていると

手放していく

生きていると必要なのが「お金」です。それは誰でも差はありますが集めています。

私も集めるためにいろいろなことに挑戦してきましたが、大きく集まることを経験したことはありません。なんだか集めようと必死になればなるほど、離れていく感覚のほうがあります。

相手を求めて、迫れば迫るほど拒絶されている感覚にも似ています。

そこで、必死になればなるほど努力は報われない絶望感や挫折感に襲われてしまいます。そうすると挑戦する気持ちは折れて、その後は挑戦する心が萎んだままになって挑戦を恐れた状態になる方もいます。

お金を磨く行為は、絶望感や挫折感を経験する前にもっと本質的な執着心を磨いて手放していく効果を発揮します。

人間は、モノやお金に執着しているように見えて実はモノやお金に込められた感情を大切にしています。もしあなたが、片づかない、捨てられない、があるとします。それは、モノやお金に込められた感謝や思い出や気持ちを大切にしているから起こります。

片づかない、捨てられない、をできないのではなく、そこにまつわる感情を大切に受け止めて手放せていないから起こります。

お金を集める行為も、お金自体よりも使うときの感情や誰かのために使って相手を喜ばしたいなどお金を引き換えて得られる感情を大切にしているから集めようとします。

お金を磨く行為は、その感情を大切にするあなたのこだわりを溶かしていき解放に近づけてくれます。

もしお金が欲しいと思って集めることに執着心を持っていれば、お金を磨いて磨き尽くしてみましょう。磨いていると欲しがる気持ちも磨かれて、想いもお金も綺麗にして送り出す気持ちが心地良くなっていくように変わっていきます。

集中と時間

集中して磨けば磨くほど、どんどん他のことを考えなくなり無心になっていきます。それは気持ちのリセットになる「集中と時間」が生まれます。そうすると無心でいるから本来誰もが持っている軸が自分に戻って来るのだと思います。

欲しがったり、執着心であったり、軸が自分以外に移ったときに怒り、妬み、嫉みは生まれます。その移った軸を自分に戻す行為は、お金を磨くという行動で行ないます。自分に軸が戻ることで他者に持った怒り、妬み、嫉みは薄れて、他者への奉仕の精神を育める状態となります。軸が自分に在る状態だから、他者へ思いやりの心を持てるようになります。まさに、自分がしてほしいことを他者にしてあげられるようになります。

現在は、軸が環境や他者におかれていて自分を自分でコントロールできないので、思うように行かず、ストレスとなっている方も多いのではないでしょうか。心の余裕がなくなって思いやりの心が持てない方が多くなっている状況はそういった原因があると思います。その状況が続くと自分にしてくれることは「得した」と求めて、相手にしてあげることを「損した」と無視をしていきます。

そんな損得勘定だけで動いていく世の中は寂しくなります。

だからお金磨きで、それらの感情を一旦「集中と時間」をつくって、自分をまっさらに戻す行動をつくることが大切です。もしあなたが、お金を磨いただけでどうなるの？　と思っているならば、考えるより先に磨いてみることをおすすめします。

そうすると、どうなるか？　悪くならないんです。特に最悪になりません。

マイナスの感情をリセット

人間は、考えていることを自分で増幅する装置を持っています。マイナスでもプラスでも考えていると未来を創造していきます。

風船を膨らますように増幅していくんです。マイナスでしたらもっとマイナスに膨れて落ち込んでいきます。プラスだったらよりプラスが増していきますから前向きになります。だからマイナスのときは一旦リセットする「時」をつくることが大切なんです。

それが、お金を磨くこと。

自分が磨いて綺麗になったお金を見るだけで心は落ち着きます。いつの間にかマイナスの感情は、収まっていることを実感するでしょう。その状態ができると人に対しても優しくできるようになります。続けていれば、奉仕の精神によりたとえ自分の辛い体験を持っていたとしても人に伝えて救うことを考えられるようになります。

たかが、お金を磨く。されどお金を磨く。

行動は、心をつくります。逆もあり、心は、行動をつくります。

体と心は、陰と陽の関係のように一対であり支えあい共鳴し合います。

どちらのアプローチでも、自分が良くなっていくような方法を1つでも持っていれば常にフラットな状態を手に入れられることになります。

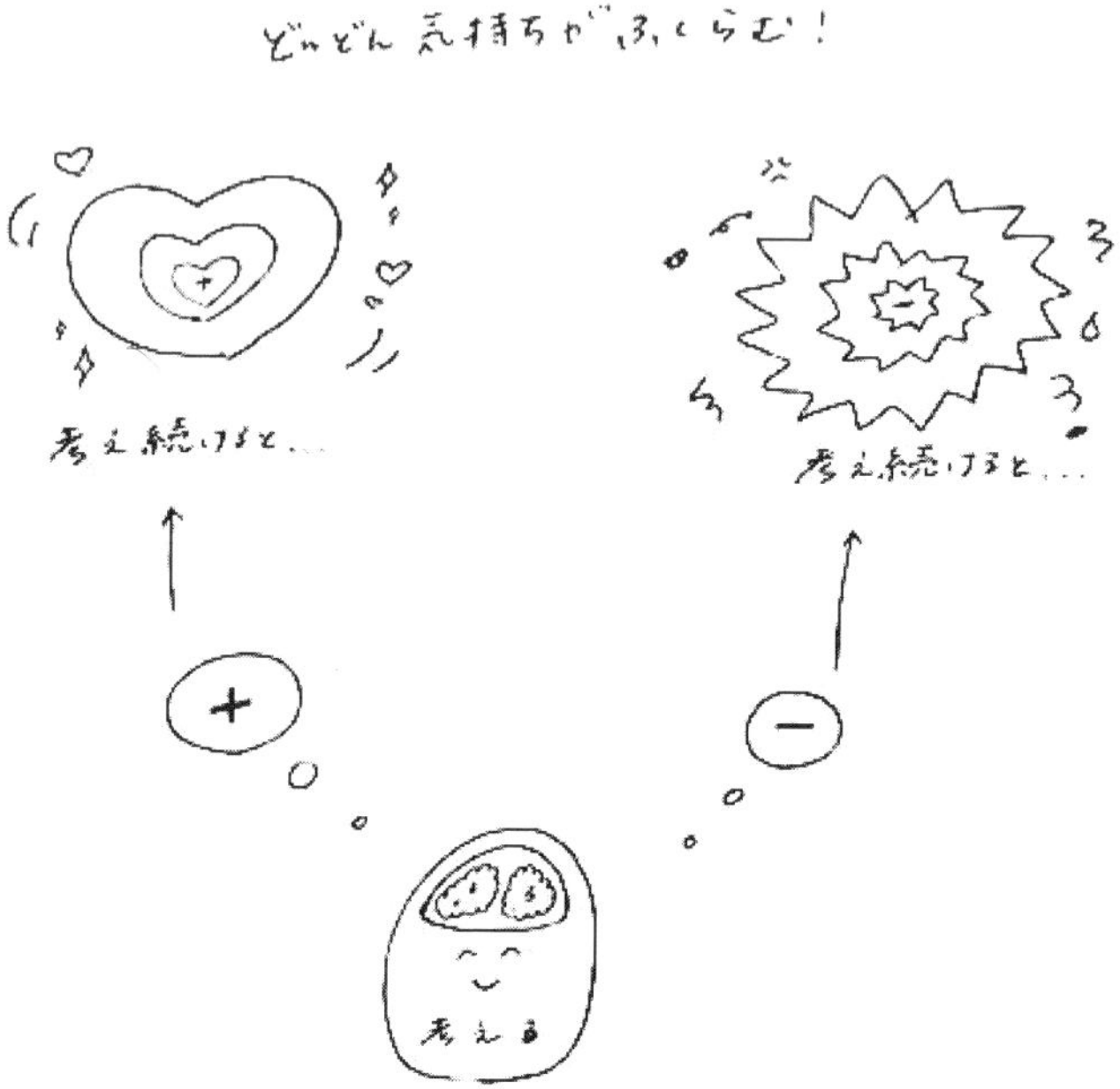
どんどん気持ちがふくらむ！
考え続けると…
考え続けると…
+
−
考える

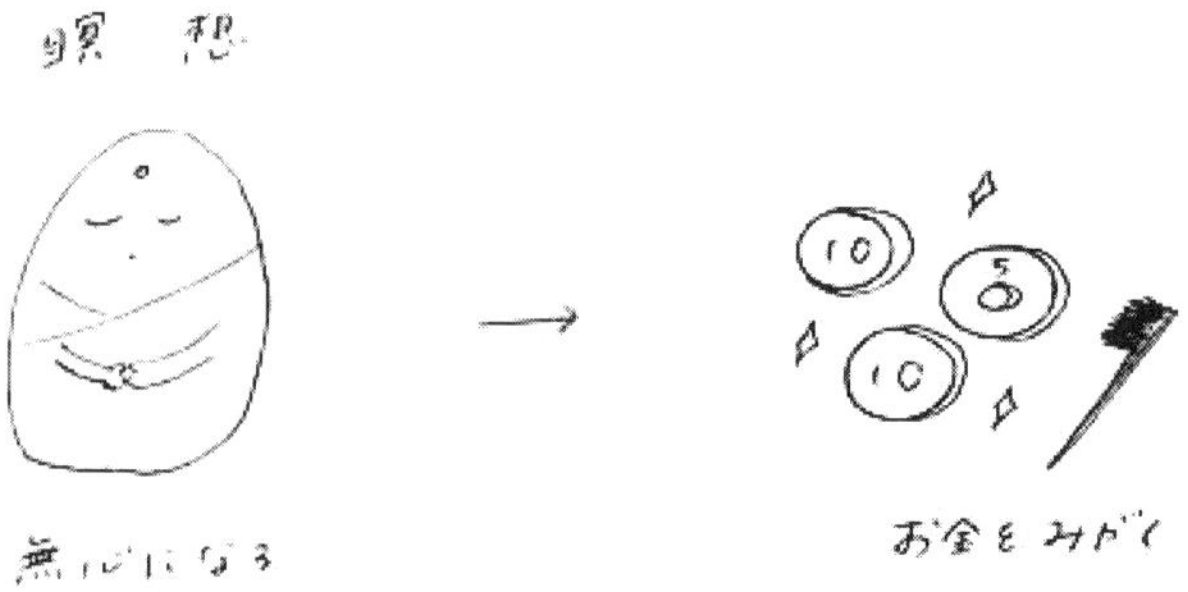
瞑想
無心になる
お金をみがく

第二章　お金磨きと運の流れはじめ

1　お金と気持ちと心のあり方

お金への想い

お金自体を磨く行為は珍しく、誰もがしている行為ではありません。

でも、それを知って続けることで心のあり方が変わりました。一番は、支払う行為を気持ち良くできるようになり、自分の中にあった色々なこだわりの想いを磨いて解かして手放すことができるようになります。

その手放す行為とは反対に、お金を集めたいという想いの込められたお金には、不思議な魔力が加わっている気がします。魔力は人の想いがどんどん詰まって膨れ上がりながら人から人へ渡り歩いていきます。人から人へ回っていくことは、想いがどんどん加わっていくことです。物質的には、数字を印刷された紙や加工された金属であり色々なことや物に交換できる「もの」です。

でもそこにいろいろな人の想いが詰まると魔力を持ち始めます。

例えとして言うなら、箱根駅伝のタスキです。物質的にはただの布ですが、選手の想いや伝統(歴史)などが毎年込められて積み上がっていくので、各選手に力を与えられているのだと思います。

人間がお金に抱く気持ちは、お金に関してのそれぞれの人生経験が積み上がって造られていきます。お金が「ないことの体験」によって、あなたの中に生まれた気持ちと、お金が「あることの体験」によって生まれた気持ちの積み重なりが、現在のあなたのお金に対する気持ちを造っています。

現在のあなたがお金に対して良くないイメージを持っているとしたら、良くない体験からの感情の比重が多くなっている状態です。お金に対して良いイメージを持っているのであれば、良い体験からの感情の比重が多いということです。

比重の大きさによってお金に対する良い・良くないイメージの判断が付けられていますが、お金を磨くという行為はお金に対してイメージを持たない状態をつくることになります。

人の想いの中で良い気持ちは、目に見えない力の後押しに変わります。良くない気持ちは、足を引っ張るブレーキになります。それが想いの入ったお金の力にもなるということです。

では、想いが入っていないお金はどうなるでしょう。

手渡されたお金には、どれくらいの想いが詰まってあなたの元に来たのでしょうか。

そのお金をあなたが磨く行為をして積み上がった想いから解放して手放すように変えていくと綺麗な清流の源をあなたからつくるということになります。

お金を介して経験・体験をしてきたことで生まれた感情は、お金を磨く行為を通すと、あなたが今までの人生でどのようにお金とかかわってきたのか人生の振り返りをできることになります。そして、お金にできたイメージの感情を磨けて手放していくということもできることになります。

お金が集まる理由

お金に対して、どういう心のあり方であるか、それがお金を敵にも味方にも変えていきます。けれど、磨いて磨き尽くすことでフラットな関わり方を手にします。

同時にまっさらなお金の源流としてあなたから始まれば、途中の方々に良い影響を与える流れに変えられます。

大成功したYさんが、よく言っていました。

「お金は、さびしがり屋だから集まっている所に集まってくる」と。

「でも本当は、もっと集まる所があるよ。それは、人のために使って感謝される行動を続けている所に集まる。

人間で例えてみるから考えて見てね。

人間は、さびしいと集まりたくなるよね。そうして、さびしさを埋めるために集まった集団があるとする。

これは、お金は、さびしがり屋だから集まっている所に集まってくる集団と同じだ。

それとは別の集団がある。

もう一つの集団は、人を助けている集団だ。

助け続けていると感謝がたくさん生まれてくる。その感謝を伝えに来る方が増えていく。人を助ける集団と感謝を伝えに集まった集団が合わさっていくことになる。

お金を、人のために使う。そして助けられた方々は感謝を持ってモノ・人・あなたの幸せを願う気持ちで集まってくる集団。

どちらのほうが大きくなると思う？　そして、その後に大きくなっていくのはどちらの集団か予想が付くよね。

寂しさは、集まれば消えていくのだよ。だから1度は集まるよ。でも癒されたらどうなる。ずっと続くかな。

それに対して感謝は集まれば集まるほど次のステージにつながる大きいうねりとなる」

さらに周りを巻き込んで良い影響に染めていくように大きくなるのだ。波紋のようにね。

それは、まるでマザーテレサだよ。彼女が1人で助け続けていたから、いつの間にか感謝が集まるような状況になったように、君のお金を使うのだよ。

だから、お金磨きは、感謝に変わる行為だからずっと続けていけば良いことが起こるよ」

とYさんはアドバイスをくれました。

私は、その言葉を信じて磨き続けていることもありますが、お金磨きの回数を重ねていくと心や考え方や気づきがその都度、生まれてくることが楽しくて続けています。

その時々の心の状態で常に変わり、同じ状態ではありませんから。

2　お金と水の共通項

行き先

お金を磨き続けて綺麗なコインを世に放していると、自分からの流れを意識し始めます。この綺麗なコインは何処へ行くのだろうか？　と私は思います。

磨き始めた頃は返答の法則を意識して、自分がしていることに見返りを求めていました。これだけ磨いていてここに来るとシャワーを浴びにきたように綺麗になるから、君たちの仲間にお伝えして一緒に連れて帰ってきてねという欲が入っていました。でも磨き続けているうちにその欲も流れていく先のほうを強く気にするように変わりました。綺麗な清流の源を自分がつくったけど、そのまま綺麗にどこまで流れていくのか。それはまるでただの水の流れの集まりから川と生まれ変わり、小さい川が徐々に集まり大きい川となり海まで流れていくことと似ている印象を受けました。お金と水には共通点が多くあることに気づかされました。

循環

その最大の共通項は循環です。

お金と水は生きて行く上で必要なものです。どちらも流れているから隅々まで行き渡ります。流れという循環は、いろいろな人をめぐり巡って自分にも流れて来ます。それは自分という存在も循環の中の一部であり一要素になっていて、バランスを保つためには、とても必要な存在を担っているということです。

循環という流れが滞ってしまうと水は腐ってしまいます。腐った水は循環の要素から外れてしまったように思いますが、水の循環のバランスを保つために要素としての役割は持ち続けています。それは、水蒸気という形に変わり循環の中へまた戻っていくからです。どんな形に変わっても循環のバランスの要素としてあり続けます。それが水の流れになります。

お金の流れは、貯蓄のように滞っても実質的に腐ることはありません。ですが、お金の滞りはお金の貯蓄になるので、お金が貯まった所には、人の羨み・妬み・嫉みが集まりやすく、それに伴って邪気が集まっていくようなことが起こります。だから堰き止めるように集めていると価値はお金として存在し続けますが、そのお金を目当てとした人間の欲が集まってしまい事件に巻き込まれることにもなりかねません。

そうならないためにも、お金を、ある程度ダムのように貯めたとしても何かしらの形で流すことをして循環をつなげて他者に行き渡るように貢献していくと経済も回っていくことになります。水と同じようにお金という形から不動産や株式などに形を変えて循環の要素として流れを起こしても良いでしょう。

お金も循環の中で形を変えながら要素としてバランスを取って流れていきます。流れを意識すれば循環の途中に自分という存在があって、1つの要素としてバランスの一部を担っている役割を持っています。その循環の要素である自分から出していくお金を綺麗な状態にして流していれば、良い影響の始まりに変えられるようになります。

お金磨きを水の流れで置き換えれば、自分が浄水場のような役割になって、流れの先にいるほうへ綺麗な水を行き渡らすことになります。

水は、小さい川の集まりで大きい川になり、やがて海に行きついて水蒸気という水の形を変えて、雲となり山に雨として降って地中に沁み込み、源流として湧き出る循環を形成しています。

お金は、小銭の集まりが大きいお金となり不動産や株式という形をとって、遺産として子や孫を育む源泉として次の世代へつながれていきます。

そのお金が、次の世代によって源流として、さらに未来のお金の循環をつくっていきます。

正しさ・誠実さ・素直さ

水もお金も運気も流れはすべて循環の中、過去から現在を通して未来につながっています。

金運について教えていただいたYさんは、「常に流れを意識しなさい」とアドバイスをくれました。

「流れを止めてはいけないよ。止めれば滞留する。滞留すると、どこかに新しい流れをつくれるけど、バランスが崩れて歪(ゆがみ）が生じる。その歪みは、いつか自分もしくは自分の子孫に跳ね返ってくるからね。人生は、自分を良くしようと頑張るように、必死にもがいているよりも流れに乗った人がラクに良くなれるんだよ。それを手にするには、3つの持つべき資質が存在する」

それは、人格の中の3要素であり、併せ持つ必要もあります。Yさんは言います。

つまり、「その資質とは、正しさと誠実さと素直さという3つの資質のこと。

正しさは、良心という軸を持つことができるようになる。

軸を持てば自分の弱さを受け止めて、ごまかしや嘘などの自分の闇に負けることなく判断できるようになる。いわば、『自分と向きあえる覚悟です。』

誠実さは、私利私欲という自分の汚れを受け止めて、相手を自分のために利用したりするズルさを含む不正な心に負けない行動ができるようになる。相手の事を想った心でもって行動ができる。いわば、『他人と向きあえる覚悟です。』

素直さは、相手を受け入れて自分も受け入れて常に良くなっていくことに焦点をあてて学べる無限の可能性をつくります。いわば、『自分と他人をわけないすべての出来事に向きあう覚悟です。』

その3つの資質を持って運に任せて流れていれば、絶対上手くいくよ」

とYさんは、水とお金の共通項を見つけた私に運気も交えて教えてくれました。

お金の循環

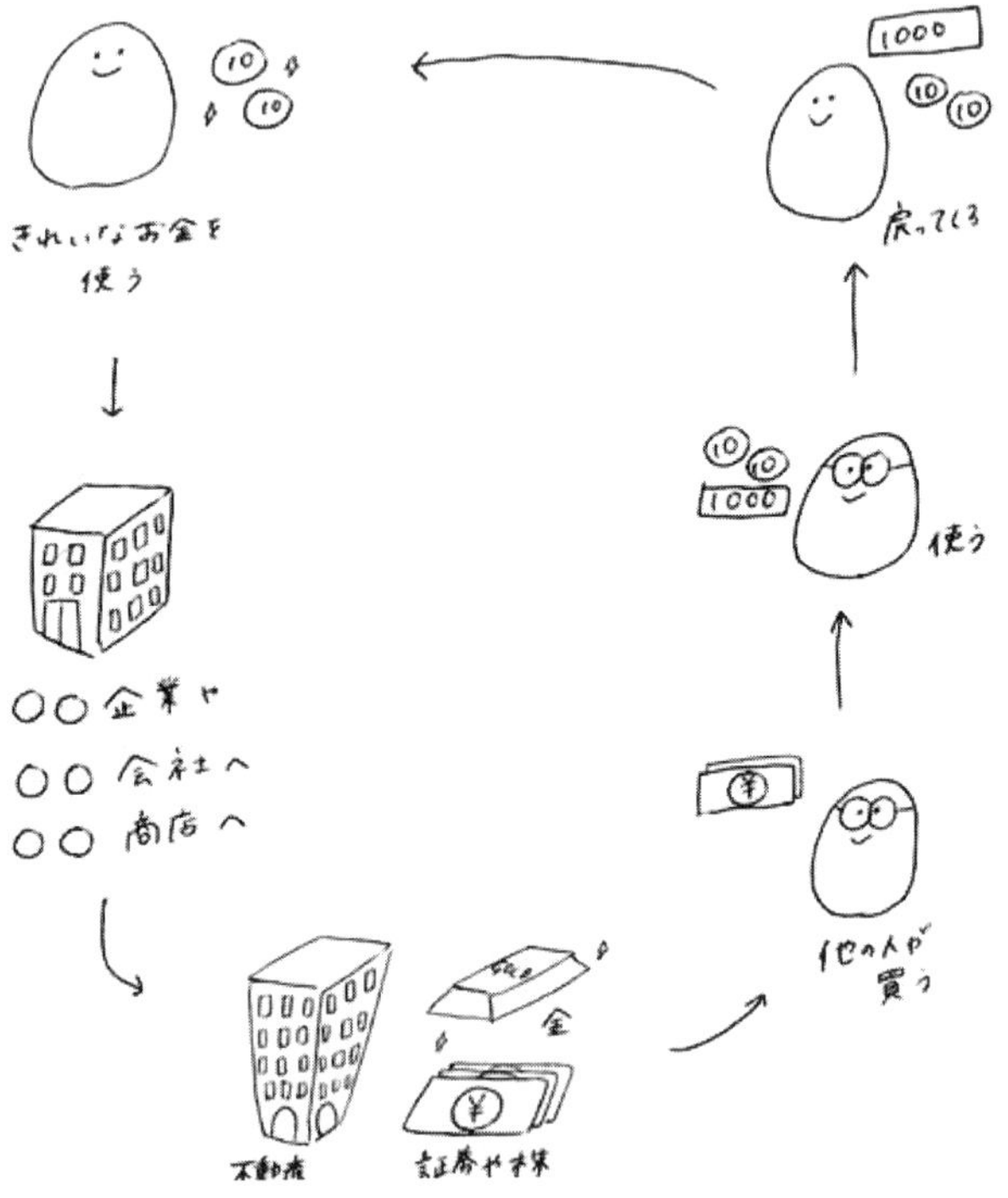

水の循環

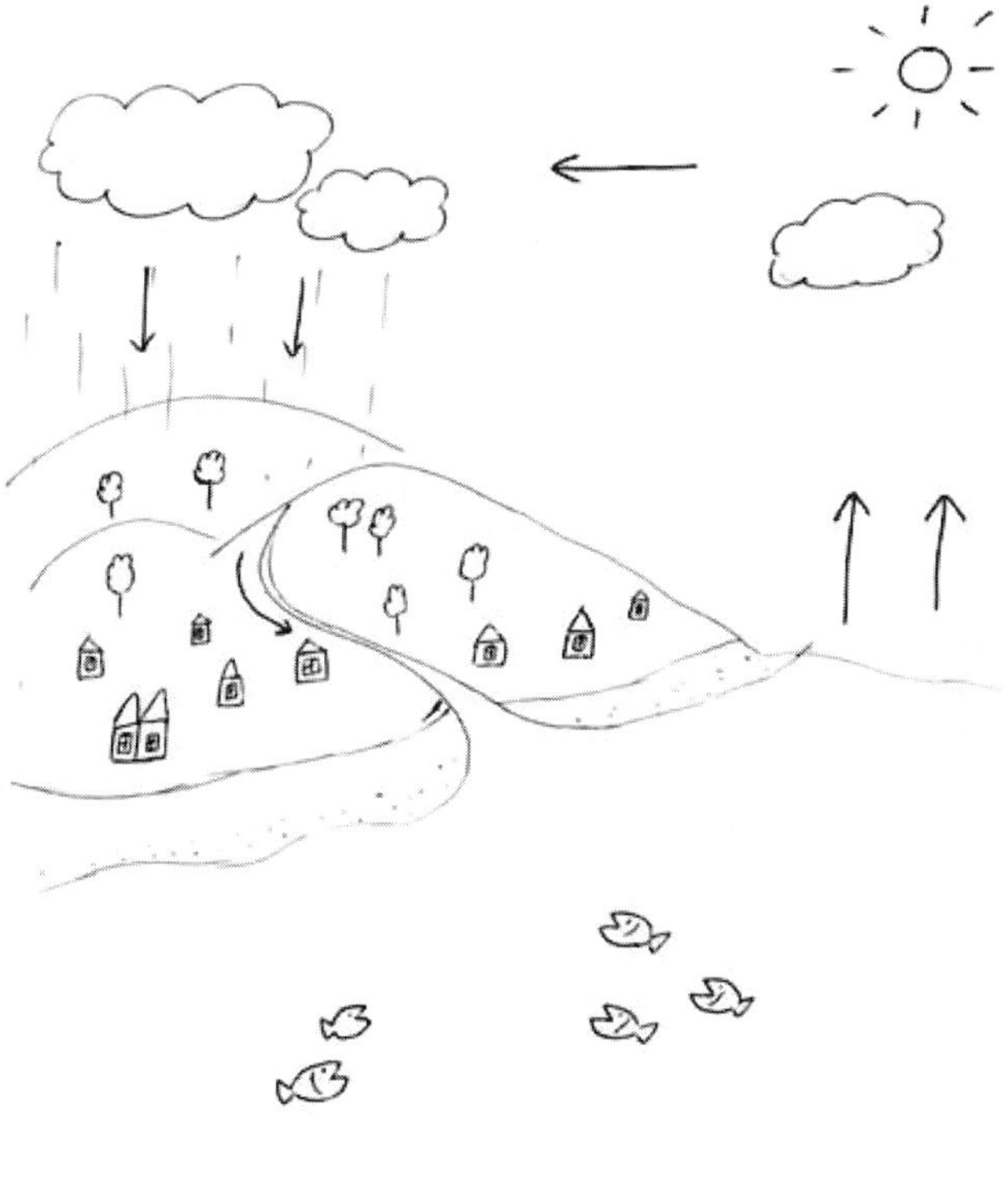

3　お金と時間　時間とお金の関係・お金と仕事と時給のバランス

時間は命

Yさんには、お金と時間についてもアドバイスをいただきました。

そして、こんな質問をされました。

「時間は、命そのものという自覚があるかい?」

最初、何のことかわかりませんでした。

「時間は、君が生きていることそのものだよ。だからよくどうやって、時間つぶす? という会話を聞くけど、それは、命を粗末に扱っている行為になる。例えば、ゲームをするのは楽しいからやっているよね。それは、楽しんで心がウキウキしているから良い使い方になる。でも時間をつぶすという待ち時間を埋めるために惰性でゲームをするのだったら、しないほうがよい。仕事も苦しい気持ちを持って、決められた時間まで決められた場所にいることをしているのだったら早くやめたほうがよい。

時間の使い方は、自分の人生の使い方になる。だから、働く・勉強する・休む・楽しむ・寝るなど、とにかく心がワクワクするように過ごすか、次に何かをする準備に時間を使っていれば有効的になるよね。

時間をつぶすという待ち時間の穴埋めという行為は命を粗末に扱っていることだから、お金を稼ごうと思う前に人のために奉仕活動でもやったほうがよいよね」

Yさんは、時間の使い方に対して人一倍に高い意識を持っておられました。

命の時給

君は経営者だから時間とお金の関係を意識しなくてはいけないよ、と釘を刺すかのようにアドバイスをしてくれたと思ったら、急に「君はいくら稼いでいるの?」と質問が来ました。

ビックリしている私に関係なく話は続きます。

「例えば、君の労働時間をお金換算するシュミュレーションをしてみよう。ひと月に25日の10時間働くとするよね。これは労働基準法に引っ掛かる労働時間だと思うけど、君は経営者だから計算上これくらいでも甘いくらいの働き方で計算上の最低限で考えるよ。

25×10＝250時間、そうすると250時間働いている。それを給料で割る。

30万だったら、300000÷250時間＝1200円、時給1200円になる。

1時間1200円だと、1分20円、1秒33銭となっていく。これは時間をお金で考える数字になるということを忘れてはいけない。君の命である時間をお金に換算した数字だ。だからと言って勘違いしないで欲しい。これは命の価値に反映することではないんだ。命の重さと、この数字は全く関係ないんだよ。命の重さは誰でも一緒なんだ。ただ、数字として自分の時間の使い方の結果であり数値化されただけと思えばよい。

もっと高額な年棒を貰っている、野球選手の場合で見てみよう。

年棒3億円を稼いだとするよね。3億円÷12＝2500万円　ひと月2500万円

働く時間は、月の平均試合数25　×　平均試合時間4時間＝100時間(実働)

2500万円÷100時間＝25万円　時給25万(1時間25万円)

1分25万円÷60＝4166・666…　約4167円　1秒70円　となるね。

先程の数字よりも明らかに良い数値がでるよね。だけど一番大切なことは24時間コンディションの調整や食事管理など数字に表れない努力やメンテナンスの積み重ねを全く入れていない。

実働の計算で数値化はされるけれど、その裏にある努力を反映していない。だから他者に考えや想いは見えないし、わからないし、理解もされない」と、Yさんは言います。

時間の使い方

「実質は24時間で考えていかないと本当の数値化にはならない。さらに言うなら、当事者の心の充実度合も反映されない。そんな数値を見ただけで幸福の価値を他者が計るのは間違っていること

だと知っていないと、君は本当の幸せを感じられなくなるよ。君は、お金を磨くことに、ひと月、何時間かけている？　その時間は、自分を振り返ることができる時間として定期的に行っているよね。そしてその行動は、人を気持ち良くできる。

この時間の使い方は、君に良い影響を与えているから時間の使い方としては、私は正解だと思うよ。まさに数値に表れない見えない努力になっているからね。その継続力を違う形で君の能力を伸ばす努力に変えて行えば、君は大変身できるよ…きっと。

野球選手の一流と呼ばれる選手は、10回に3回打てれば良いんだよ。そして、1試合に人より毎回1回だけ多く打つ繰り返しで、一流と呼ばれるんだ。

日常に置き換えれば、何かに毎日10回トライして3回成功していれば良い。そして、毎日人より1時間成功するための努力を積み重ねていれば、一流になれる。

そこには、1つだけ成功の秘訣が必要だけどね」とYさん。

「秘訣を教える前に知っておかないといけないことを伝えておくよ。同じことの繰り返しを習慣にするには、ある一定の量を超えるまで必要だよ。その量を越えたときに質を求めて頭を使い始めれば成功が早くなる。逆に質を求めず量の繰り返しを続けていると成功には遠回りになるよ。なぜその法則になるかというと、ある一定の量を超えるためには忍耐が鍛えられる。そして色々なコツに気づき始めて質を求めることで工夫や価値に変わり、君というオリジナルができていく」

成功の秘訣

「常に今より良くなるためにはどうしたらよいか、頭を使って行動すること」

「理想（目標）を常に掲げて、現在の自分を理想に近づけていくために続ける忍耐と工夫は必要不可欠だ。ゴールがなければ行き先がわからないからね。

昔は仕事だけで良かったけど、最近は仕事だけでなく私生活とのバランスも必要とされてきているね。僕らが成功した時代は、何が何でも成功するために仕事・仕事・仕事一筋で私生活はおざなりだった。そして、すべてを注いだ仕事は定年になると取り上げられてしまう。その後は人は、自分の存在意義を取り上げられて抜け殻のように、身の置き方に苦悩している。それを考えると時代に関係なく私生活に趣味でも持って遊んでいればなぁと伝えたくなるんだよね。

君の時代は先行きがわからないから君がつくっていくしかない。昨日まで正しかったことは今日の間違いになっている場合もある。そんな環境に左右されないためには、決めてつくる繰り返しだ。それをしていれば環境に合わせて変化しながらも到達地は見えているから軸がずれることなく進めるはずだ。お金は必要なものだけど、大切ではない。本当に大切なことは、君が数値化の社会にいても自分の心がウキウキすることを優先して行動できるかということだよ。君にとってお金磨きは、数値化社会の中で幸せのあり方を見つめるために大切な時間をくれる行為だから続けなさい」と、Yさんに後押しされています。

4　お金磨きから教わる運　自分の存在に必要な人数○○人

運

お金磨きは、運が良くなったという出来事が多く起こりますが、因果関係はハッキリしていません。でも言えることは、少なくとも最悪は起こっていません。

そして、良いこととの出会いは多くなっています。たとえ運の悪いと思うことが起きても、それが過ぎると、その出来事で変化を持ったから良くなったことのほうが多いです。

運については、見えませんし、量を測れませんし、流れているのか、あるのかもハッキリしません。ましてや専門化でもないので、断定できないです。けれど、Yさんが言うには、運の善し悪しは、あるのだと断定して伝えられました。私もあると思っています。

「人によって運が良い方、そうでもない方が存在する。その運の違いは、なぜ生まれるのか知っているかい？」と質問されました。

「私は、良い行いをしているかどうかだと思います」と答えました。

「では、良い行いをしているけど報われない方や、やり切れない裏切りに会う方々もいるのは、何故かな？」

「んー」私はわかりませんでした。Yさんは続けて教えてくれました。

「君の現在している行いは、君自身の運として返ってくるには、微々たるものだよ」

先祖と運

「むしろ運の善し悪しは、君のご先祖様の生き方や考え方など君の中に流れるご先祖様からのバトンで決まっていると思う」

ちょっとわかりづらかったので、適当な返事で「はぁー」と私は答えました。

そんな姿を見て簡単な図解を書いてYさんの説明が始まりました。

「ではこの図で、一連の流れの中で君の運が決まっている説明をするね。君が産まれるには、誰と誰が必要かな？ 父と母です。そうだよね。では、君の父と母は誰が必要かな？ 両家の祖父母ですよね。その通り。そうして10代前まで遡ると君が産まれるには何人が必要か考えたことがあるかい？」と質問されました。

私は運が良いとかそうでないとかの話なのに、なんでこの話をされているのかわからなかったので、話の内容を掴めないまま考えるのを諦め、「２００人くらいですか」と質問に答えました。

すると、気にも留めYさんの話は続きます。

「答えはその５倍必要なのだよ。１０００人くらいだ。細かい数字は１０２８人必要なんだけどね。

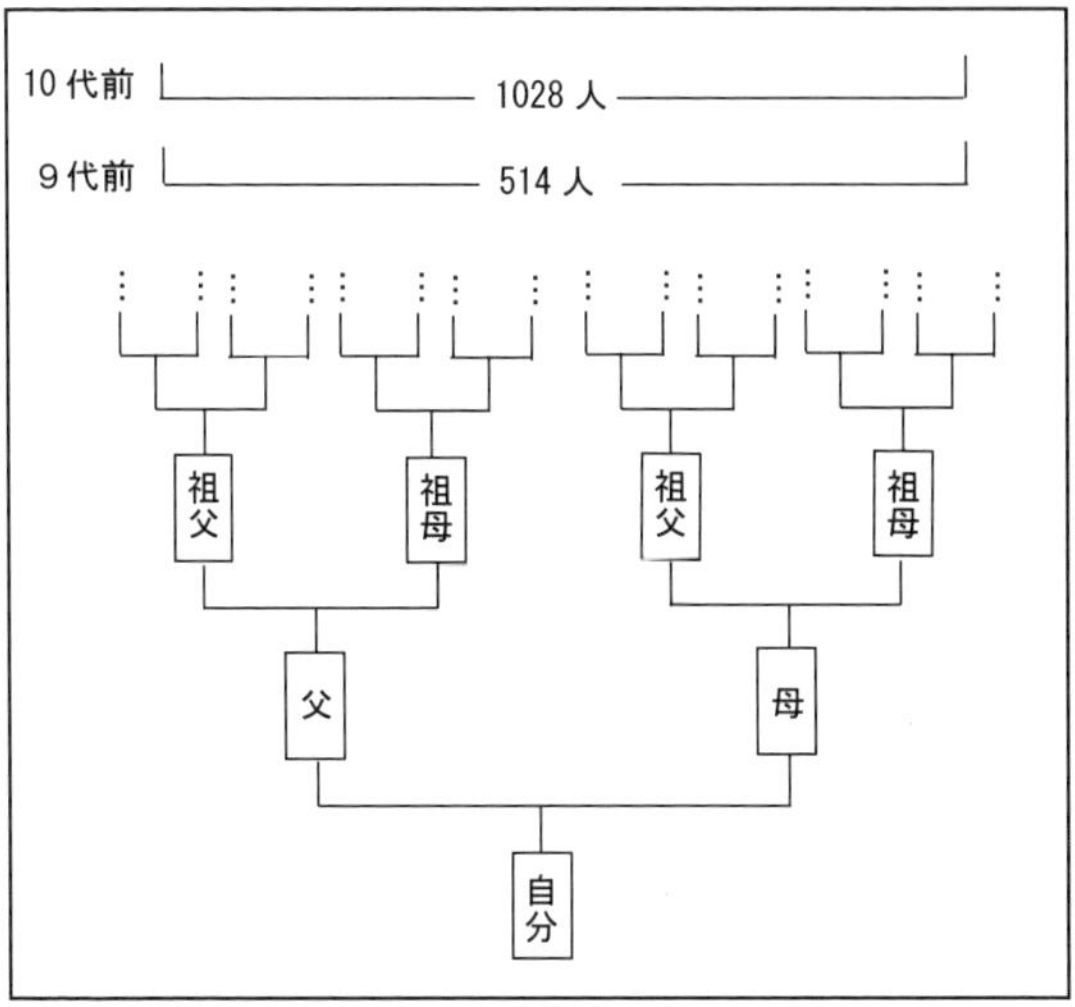

９代前は、５１４人が必要で、10代前に１つ遡るだけで倍の数の人が必要になる。そう考えるとね、現代に生きている５１４人の人生が絡み合って10代あとに１人の人間が産まれる。だから、自分だけを考えている現代人は、未来を創ることを放棄していることになる。自分だけの人生だけでなくその先を創るという自覚を持って欲しいと私は常々願っているんだよ」と伝えられました。

私は、「それで運の関係の話は？」とお聞きすると、

「その１０２８人のご先祖様の生き方や行いによって紡がれてできた君の命は、ご先祖様の生きていたときに他者のためにしてきた奉仕の活動の積み重ねの感謝や、悪行を行った報いかもしれないという循環によって、君に起こるべくして起こっている。だから運は妬み嫉みや感謝という想いの流れになるのだよ」

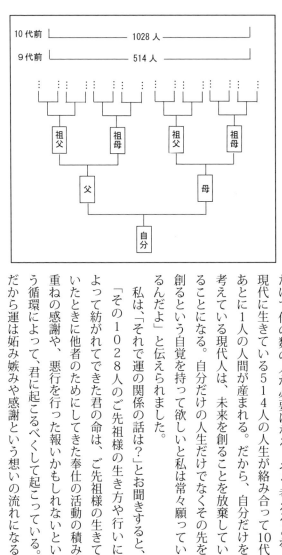

感謝の流れ

「例えば、君のおじいさんに戦争時に僕が大変お世話になったと仮定しよう。歴史のつながりは先人である君のおじいさんに助けてもらった感謝を、今度は僕が君を助けるために動く番だ。そのように命だけでなく影響した行為が君につながっていくようになる。逆に恨みや嫉みなども感謝の対極にある想いもつながっていく。人によって運が良い方、そうでもない方の存在の違いは、先祖の善い悪い想いに関係なく、そのときに起こした行動によって生まれた感情の連鎖というつながりが、現代に生きる子孫としての君の運に注がれることになるのだ。運の良い人は、他者を助けるために運を使う役目を持ち、運の良くない人は他者への先祖の行いであると同時に、他者に対して「あなたの存在の必要性」でバランスを保つ役目の両面を持っている。

自分で運を引き寄せる方は、その行動で他者を勇気づける役目など、それぞれに与えられた役割があってご先祖様からのつながりとバランスによって過去から紡がれていて、今の運に連動しているのだよ。お金磨きを続けることは、君の運が良くなるかもしれないけれど、それ以上に君の子孫に影響していくのだ。未来を創る意味でもぜひ続けるべきだね。更に渡すときには、必ず一言付け加えること。「あなたに幸運がありますように」と綺麗なお金を手放すときに言葉でも心の中でも気持ちと一緒に渡すことだよ」と磨いたお金を渡すという行為からとてつもない役割の話や運についてYさんから教えていただきました。

5　お金の目線　お金と人間の人生

しっかり見る

お金磨きは表・裏・横のふちを1つひとつの汚れを確認しながら磨いているので、いつの間にか目の前のものをしっかり見るということをするようになります。

何気なく見るのではなく、意識的に見ることが習慣として身に付いていきます。

そうすると日常で普段通っている道端やお店、いつも見ている家族の顔・職場など日常にあって当たり前のことを何気なく見ているのだと気づかされます。

人間の脳は無意識に多くの情報が視覚・聴覚・触覚・嗅覚・味覚という五感から入ってきますので脳の許容量を抑えるために何気なく危険ではないことは無意識に処理されているそうなので、意識的に見ない限り認知をしないみたいです。

ですから、ここで1つ試しに何も見ないでツイッターのロゴを描いてみてください。

しっかり正確に描けましたか。

その描いたロゴが、いかに良い加減で脳を疲れさせないようになっているかを認識できたと思います。ロゴは意識的に見ていない限り正確に書けないと思います。そのような良い加減に流していく人間の能力に、ブレーキをかけるように1つひとつを意識的に見てみようと私は実践しました。

そうしていくと本当に色々なことに気づくようになります。例えば、いつも通っている道でも綺麗な小さい花が咲いていたことに気づいたり、あるお店のロゴはコックの帽子だと思っていたら雲であることに気づいたり、外観はそれほど変化がなかったけれど店自体の業種が替わっていたりなど、こんな大きな変化にさえ意識的に見ていないと気づかないのだと私はビックリしました。

コインに歴史あり

お金磨きという行為からの気づきを実感しながら磨いているコインを意識的に見ると、1つひとつに歴史を感じとれました。傷があったり、汚れがあったり、凹みや曲がりなんかもあったりします。時には落とし切れない汚れもあります。それは何処で誰が付けたのか、どんな経路で今ここに来たのかというお金自体の人生を見るようになりました。人間1人ひとりに歴史があるようにお金自体にも歴史があって、今ここで私に磨かれていると思うとすごく感慨深くなります。造幣局でつくられたコインが銀行を経由して商店や個人、企業に行き渡り人から人へ渡されていきます。

時には「あっ!」と落とされて、見つけられずに時が経っていき、次に見つけられるまではそのままです。そして見つけられれば、また人に拾われて使われ始めます。綺麗だからという理由で使われずに貯金箱で保管されてしまい、そのまま眠っている場合もあります。

そんな1つひとつのコインに、それぞれの歴史があって縁があって私のところに来ています。そして綺麗に磨いて送り出しています。お金も人もいろいろな経験をしていろいろな人と出会い、時には傷つき、時には大切にされる歴史を刻んでいくのですね。

このような話をYさんにしたところ感心していただけました。

「人に歴史ありと言うけれどお金の歴史に目を向けるとは面白いね。歴史は、歩んできた道そのものです。その道を歩いていたときに、どんな体験・経験をしてきて、その出来事から何を感じ、どう思ったたか。そしてどんな改善や気づきで行動を繰り返した結果に、今の自分が出来上がっているのかが人の歴史だけど、お金は、どんな人に使われても、どんな人と関わっても変わらない存在だね。一番すごいことは唯一関わった全ての人に愛されてきた歴史ってすばらしいね。そんな存在になれれば歴史上に名を残せる人だね」

とYさんにお言葉をいただけました。

私もお金の歴史に目を向けると、すべての人においでと愛されて、離れるときには、さびしがられて、何もしていないのに存在だけで人を幸せにできるというのは、本当にすごいと思います。

磨いたお金をお釣りとして渡している行為は、少しでもお客様を幸せにしたいという気持ちとして行っていますが、お金の人生でも綺麗になる機会はないと思うので、お金自身も喜んでくれていると信じたいです。

6　お金と環境　化学変化と環境　アイデアで改善　成長過程

お試し

お金磨きは、化学変化によって綺麗になっています。酸化銅となっている10円玉に化学変化を起こす色々な液体を使ってきれいにしています。漬け込む液体によって漬ける時間や種類と工夫を駆使して綺麗になる還元作用を試していました。

学生時代に習った理科の化学反応式でも表されます。使うもので綺麗のなり方が違いました。ソースやレモン汁、サンポール、タバスコ。そして、そのあとに使う歯磨き粉の種類でも綺麗になる度合いが違います。この試行錯誤をしているときは気づきませんでしたが、成功の法則に似ていました。私は、経営をしてきたので失敗はしたくありません。何より成功したいからこそ成功法則をいろいろ学んできました。その中で大まかにまとめると1つの結果に行きつきました。

「成功するまであきらめない」これに尽きます。

言い方はそれぞれ違いますが、成功するまでする。その途中は、成功の途中であることに行きつきます。諦めて辞めてしまうか、諦めずに続けていくか、綺麗になる方法もすごく綺麗になるまでやってみようと歯磨き粉もいろいろ試しました。15種類くらい使って試しました。つける液体との相性もあるので、組合せを比べると結構な数の試行錯誤を繰り返しておりましたが、綺麗にできればという一心に方法を探していました。その方法を見つけ出す間は苦労とは感じずに、こうでもない、あぁでもないと楽しみながらいろいろ試しました。

現在は、インターネットという情報量の多さに長けた知識辞書があるおかげで、最短の道を見つけやすくなり便利になりました。なので、ある程度はそこで見つけた液体を揃えてから、どの方法が一番綺麗になるのかの検証をしました。お金磨きを教えてくれた方にも方法を教わったのですが、もっと良い方法を見つけたくて探しました。

インターネットと絡み合うつながり

そんなことをYさんに話していたら、「今の人に伝えたいことが詰まっているね」とYさんが話してくれました。

「インターネットは格段に成功への道を広げた代わりに人生に必要な忍耐力を奪ったものだよね。今の人は本当の深さを知りもしないで知識だけで知っている評論家が増えている。現場の隠れた苦労を知らずにサービスや接客を受けて気に入らなければ文句を言うような、環境になっている。だから安さの裏側の理由なんか考えず騙される人も多い。

でも、経験や体験を積んできた人は、自分の体験による勉強が身についているから、騙されにくいし目も肥えて価値のある人になれるんだ。これだけ綺麗にしたコインを、お釣りとして渡してくれているけど、君がいろいろなものを使って綺麗になる方法を編み出すまでにどれだけ苦労したかを聞かせてくれて、改めて価値を認識したよ。ありがとう」

と言ってくれてから、唐突に、「忘れているなぁ！」と漏らしました。

「今、自分が何不自由なく生活できるのは、誰かが電気をつくってくれて家まで届けてくれているから。水道の修復道路工事を邪魔だと思っていたけど、あの工事が蛇口をひねれば水が出る便利をつくってくれている。食べるものも誰かが作物の世話をしてつくってくれているから食べられる。普段の何気ない生活にそれぞれの方の支えで成り立っていることを思い出させてくれたね。あぁ、いけないいなぁ」と。

「本当に感謝だね。ありがとう」

お金磨きの話は、Yさんにとって今の生活の成り立ちの感謝へ変わっていました。

人との関わり合いも、直接でなくとも間接的にもつながっていて、化学変化のように色々な形で絡み合っています。

私は、お金磨きを通して関わり方を学ぶとは思ってもいませんでした。

7　お金磨きと神社　目に見えない存在との綺麗なコインとの関係

神の国

お客様の中には、正月の頃や受験のシーズンのときや何気ない普段のときでも、これからお参りに行くという方がいます。土地柄的に湯島天神や神田明神が歩いて行ける距離にお店があるからでしょう。

その方々には、ご利益が訪れるように、十分に効果のあるご縁を授かるように綺麗な10円玉と5円玉をお釣り以外に交換してお渡ししております。

皆さん綺麗なコインに嬉しそうな顔で、「願いが叶いそう！」と言ってくれています。

日本には、昔から八百万の神がいると言われています。

それは、海、山、土、水、太陽、月、食物、木など自然にあるものすべてに神は宿り、その恵みを受けているという信仰心から生まれています。

それを祀るために全国に神社がたくさんありますが、そのすべてに神がいる訳でなく神様は移動していて、それぞれの参拝のときに鳴らされる鐘により舞い降りると言われています。

そして神社にある鳥居は、神様の舞い降りる場所と人間界との境界に置かれ、人間の持つ穢《けが》れを祓う意味もあります。狛犬は邪気を払い、神にお使いしているために置かれていると言われています。人間の汚れを祓うために、神社には3つの穢れの払いが存在しています。

1つ目は、鳥居で穢れを落とします。

2つ目は、手舎水で手と口の穢れを落とします。

3つ目は、玉石の上を歩いて穢れを落としていきます。

そして人間の穢れを落としたら、神前で使うお賽銭も穢れを落とします。穢れを落としたお賽銭であると願いが叶いやすくなります。それがお金磨きを施したお金になります。

神様は綺麗好き?

なぜ願いが叶いやすくなるかというと、神様は綺麗好きだからです。神前に行くまでに穢れを落として綺麗な状態に近づくからお会いできます。そして穢れなき賽銭で感謝と御加護を伝えるから叶いやすくなるようです。そのときの祝詞も「祓いたまへ清めたまへ」と言霊(ことだま)の穢れを祓ってからお伝えしていると思います。

そのときに自分はどこの誰なのかを伝える必要もあります。誰がどんな願いでここへ来て対面しているのかを知って頂かなくてはなりませんから。

神様は綺麗好きというのは、人間の理由で考えると、綺麗な状態は移動しやすくて、気持ちが良くなります。場が清められていると穢れがないから行きやすいので、自分の立ち寄る場所となるからではないでしょうか。世界中に神話があるのは、神様が移動して立ち寄っているから同じような神話が各地で語られているのではないかと私は思っています。

そんな穢れ落としをしたお金をお釣りにしているだけで、幸せを配っているようになります。

願いが叶う参拝方法

Ｙさんが教えてくれたお参りの方法を紹介しておきます。

まず、鳥居の前で一礼して真ん中を避けて自分の利き手側から入ります。

手舎水所では、水を汲んで利き手に関わらず、右手で酌を持ち左手を清め、持ちかえて　右手を清めます。また酌を持ちかえて、左手に水を汲んで口をゆすぎます。

残りの水で、酌の持ち手を洗って終わります。

手をハンカチなどで拭く前に、お賽銭を清める場所があるかないか確認します。あればそこで清めます。

ない場合は、手舎水所でお賽銭を清めましょう。

そして、手とお賽銭を拭ってお参りへ。
※お賽銭で一番強く願いが叶う金額は１１１円だそうです。

一礼して鐘を鳴らし、賽銭を入れてから、その神社の「祓いたまえ清めたまへ」を唱えます。

二礼、二拝、一礼（※礼は45°～90°の角度が良いそうです）

最後の一礼の前に、住所、名前、ありがとうございますという感謝を伝えた言葉の次に、願い事を伝えます。

そして一礼して一歩下がり、また一礼して神前から去ります。

最終的に神社の外へ出るときは鳥居をくぐるので、入った側と反対側から出るほうが良いです。

そして振り返り、一礼して参拝終了、という流れが願いを叶えるやり方だそうです。


一番注意しないといけないのは、形ではなく心を込めて1つひとつ丁寧に行うことだそうです。形にこだわって心が入っていないと何にも意味がないそうなので気をつけてください。

例えば、箱としての家はあっても心としての人間が住まないと、朽ち果てていくのがはやくなります。逆にボロ家でも心としての人間が住んでいるだけで、存続できますから中身の心を入れることは、すごく大切なことです。

色々参拝方法があると思いますが、これはあくまでもYさんのやり方です。

正しい訳でも夢や希望が必ず叶うやり方ではないですが、成功者の方法を真似してすることは、近道だと思います。

① 鳥居の前で一礼
(あいさつ)
鳥居
② 利き手側から入る
③ 手を洗い、口をすすぐと共に
お賽銭(111円)も洗う
1
10
100
111円
④ 二礼
賽銭箱

⑤二拝
パンッ
パンッ

⑥願う
1.感謝
2.住所
3.名前
4.願い

⑦一礼
賽銭箱

⑧入ってきた時と逆から出る

第三章　お金磨きは引き寄せの法則と同じ

1　お金磨きと3つのスキルアップ・心技体

磨き道

日本には古来より、八百万の神が存在するようにすべてに神を感じて人生を歩み、人生を「道」として見ることがあります。それは、茶道、武道、・・・道、と何かを究めるために修行を重ねて続けていくことを「道」として表します。

そして、その道を究めた方々を到達した人ということで「達人」と呼びます。その域に達するまでは、続けるというただ単純にして単純にはできないことをどれだけ積み重ねて到達するのか想像できません。

お金磨きを道として表すには「磨き道」と表現できます。磨き道だけでなくすべての「道」を究めるためには、必ず大切にされていることがあります。

表現方法は異なりますが、どの道にも絶対存在する基本の心技体です。磨き道とするならば、基本に通じている心技体があります。

Yさんにも褒めていただいた、私なりにある「磨き道の心技体」を解説していきたいと思います。

心

第1に「心」です。これは、どの「道」にあっても自分自身の心構えが大切であるようにここでも最重要で基本的なことになります。どんな「道」でも心の乱れが体や技に影響を及ぼします。だからこそ心が一番の基本になります。お坊さんも煩悩という心の穢れを取り払う修行をするくらいすべての基本になります。磨き道にとっても心が最も大切です。

心のあり方は、心構えでもあるので心の姿勢になります。取り組む姿勢が心を表します。磨くだけだったお金磨きを「磨き道」と心の姿勢に焦点を当てると、それぞれ経験する期間で変化があります。まずは、綺麗になるのが、ただ楽しいから磨く行為を続けている期間がありました。それを続けていると綺麗に磨いている私の行動にお客様からの返答の法則が欲しくなったり、磨いたお金に集まるようにと欲が入ったりと移り変わる「心」が期間ごとに存在しておりました。

それでも磨き続けていると、穢れが削がれて奉仕の心や幸せになって欲しいと他者への貢献に変わる期間が訪れます。更に続けていると無心の状態になって、「あるがままにいる」という仏の道の究極のような状態になって磨けます。そうなると磨くという行動をしているけれど、頭の中は空っぽで無心に近い状態で行えます。

この状態で磨かれたコインは雑念が入らず磨かれているので、仕上がりの輝きには大きな違いが生まれます。綺麗に仕上げるためには心の状態が大切で結果に表れます。

技

第2に「技」です。これは磨き方です。

最初は、初めてなのでわかりませんでしたが、磨いていると歯ブラシの削られる具合で何処に力が入って磨いているのかがわかります。これが面白く、力を入れて磨けば磨くほど綺麗になりません。逆に疲れて自然と力が抜けた状態で毛先の触れるところが動いているだけの状態ですと、すぐ綺麗になります。本当に歯ブラシで歯を磨く原理と同じでした。力を抜いて毛先をコインの表面を滑らすように動かす感覚を身に付けると自然と綺麗になっていきます。力が入り押し付けた状態ですと綺麗になりません。スポーツにも言えますが、体が緊張していると余計な力が入りスムーズに動かないから上手くいかなくなります。リラックスしていると余計な力が抜けてスムーズに動くから実力以上に結果が出せるようになるのと似ています。この脱力が身に付いてくると、消費する歯ブラシも減ってくるので面白いです。硬いブラシと柔らかいブラシで綺麗になる磨き方に違いがありそうですが、実は変わりませんでした。結局使うものが結果を変えるのではなく使う人の使い方が結果を変えるのです。

お金の綺麗さの違いも、雑念や緊張など本来の向き合うこと以外に気を取られていると結果に違いをもたらすということにつながっています。コインの表面をブラシの先端が滑らかに動いて祓っているかのような技を繰り返し行えていることが大切のようです。

体

第3に「体」です。これは、姿勢そのものです。磨いている姿勢は、あごを引いて背筋をまっすぐに肩の力を抜いてそのまま前傾姿勢になり目線がコインの真上になるようにして磨きます。

体の中で頭が一番重いので身体に歪みが出ないように気をつけないといけません。これはパソコンなど事務仕事の方も同様に気をつけなくてはいけないことです。その積み重ねが歪みや違う箇所の痛みになって表れます。

体を正しい姿勢で使っていると、歪みが小さいので痛みや故障を起こしにくくなります。姿勢が崩れると歪みが生じて負担がかかる場所ができます。

負担箇所ができれば、次々にいろいろな所に負担箇所ができてバランスを崩します。それは健康状態にも言えます。

ですから、行う姿勢を正しい順序で綺麗に動かすことで正確な技術になり、力も一定になり綺麗になります。

負担をつくらず、疲れたら全体を休ませる。無理をしないことが大切です。これはすべてのことに通じています。

心が落ち着いた状態で正しい姿勢による正確な技術を行えていれば、穢れのない綺麗なお金になってしまう「磨き道」になります。

2　お金磨きと掃除の関係5つの役割

掃除

お金磨きを「道」として見たときに、下積みのときに経験する掃除や仕事の運び方に通じるところがあります。

掃除には役割があり、日本で昔から商いをする方は丁稚奉公という制度があって、掃除という原点を誰もが経験していました。

商いを覚える前に行う掃除には、これから仕事をする上で重要な資質を見るために5つの役割を担っていました。今では知っている方も少なくなっていると私は思います。

役割

第1に、まず綺麗にすることです。見て汚れを落として、整える。見た目を綺麗に保つということを普通にできることです。見える所と見えない所を区別せずに、普段からすべての場所に心使いができているのか、意識の配り方が見えてきます。見えないところにも気を配って掃除を行うという物理的にすべてを綺麗にする技術を磨く役割です。

第2に、メンテナンスという意味合いの掃除です。細かい所まで気を配って掃除をしていれば、傷んだ所や壊れそうな所を発見できます。危険個所を掃除で事前に見つけられれば、事故防止になる役割があります。もし何も考えず言われた通りに掃除をすれば、防げた事故の予兆を見逃し、損害をもたらします。メンテナンスの意味合いは、些細なこともしっかりチェックできるクセが身に付いていくので確認の習慣でもあります。メンテナンスという確認の役割が2つ目です。

第3に、掃除のやり方は仕事の運び方に通じます。掃除を、いかに早く・綺麗に・正確に行っているのか見れば、その人の仕事ぶりが見えてきます。効率も考え順番を立てて、いかに早く綺麗にして行うには段取りが大切です。

段取りが良いと仕事を効率よく運べることにつながります。いわば、掃除で仕事の運び方を練習するという役割が見えてきます。ですから、掃除の仕方を見るだけで、その方がどれだけ仕事に対して段取りをつくって動けるのか判断基準となります。掃除をする行動に、雑さ、細やかさ、気配り、緻密、おおざっぱ、段取り、言われた通りそのままの行動、考えて1つひとつを確認しながら行動しているのか、手当たり次第目先のことをするのか、効率よく全体を見て動くのかなど、その人の仕事の運び方が顕著に出ます。特に疲れたときに、面倒くさくなって手を抜くのか、体調に関係なくこだわりを持って心を込めるのか、その人の仕事の資質が見えてきます。

第4に掃除をする人の心の穢れを祓うという役割です。

すべてにおいて心の状態が結果を左右します。ですから、心を込めて掃除していれば、その場を通して自分の心の穢れを綺麗にしている感覚になります。

心を清めると、場も清められて空間もスッキリします。掃除は綺麗にしているものを通して、自分の心の穢れを祓う行為であり、場を清め気持ちの良い清々しさをつくり出します。心の穢れを祓う役割の掃除ができるといつも自分と向き合えるようになります。

第5に運を良くする役割です。掃除は場を清めます。神様は綺麗好きなので、綺麗な場所には訪れやすくなります。だから運を呼び込むことが可能になります。心を込めて掃除をすれば、場を清めると同時に清々しい風通しの良い空間をつくれます。隅々まで清々しさを行き渡らせるためには、四角い部屋を隅々まで掃除するだけでなく壁や天井まで気づいて綺麗にしていくことで運が良くなる場所となっていきます。

お金磨きも5つの役割に通じている部分は大きくあります。

Yさんは、「昔の丁稚奉公の制度は技術を覚えるのを遅くさせる修行の仕方だと思っていたけど、これだけ筋が通って納得いく制度とは勉強させてもらったよ」と感心していただけました。

「心を強くして妥協しない自分をつくるためにも現代には必要な制度かもしれないよね」と褒めていただいた私からの役割の話でした。

3　お金磨きと仕事と教育

教育

Yさんは、掃除の話を聞くと、「お金磨きも段取りが大切だね。仕事も段取りと確認ができていれば、ほぼ成功を約束されたといってもおかしくない項目だよ」とお金磨きと仕事の共通点についての段取り力の話を始めました。「お金磨きと仕事の共通項もあるけど、仕事と教育も段取り力が必要なことを知っているかい？」と質問されました。

私は、「わかりません」と答えました。そうすると、Yさんは段取り良く説明し始めました。

「まず、日本の教育が仕事の仕方を不効率にしている原因になっている。日本の教育現場は知識重視のテストしかしていないのが現状。だから、知っている知識を使って応用する力が養われていない人間をつくってしまう。勉強ができるというだけで、挨拶や礼儀をしなくても点数を取れているからすごい、と勘違いを起こしたまま社会人になる。そんなおかしなことになっているのは、教育現場で学習の理由や意義を教えないままで覚えさせることしかしていない結果なんだ。

だから、プライドは一人前だけど使えない奴が多くなる。社会に出たら、幼稚園で習った気持ちの良い挨拶と愛嬌だけで良い人間関係を築くことも大切になる」

学ぶ理由

「教育で最初に学ばせることは、何のために学んでいて、今の勉強が将来どうやって社会に出たときに学んだことを知恵として使える基本が詰まっているのか、教育の基本の大切さを説明することだ。幼稚園など小さい頃に習うのは基本的な社会性を学ぶ。

挨拶や笑顔、大きく聞こえる声で話す。相手の目を見て話す。悪いことをしたら謝る。良いことをしたら褒める。何かしてもらったら感謝する。など社会人として大切なことは、ほぼすべて幼稚園や保育園など小さい頃に教わっている。そして、小学校や中学、高校と進学していくが各教科を習うにも理由や意義がある」とYさんは言います。

「例えば、英　国　数　社　理　という5教科があるよね。それぞれに意味があるのは知っているかい？

国語と英語は他者とコミュニケーションを取るために最低限必要なことだ。

相手の伝えたいことを汲み取ったり、自分の意図を伝えて、汲み取ってもらったりすることができるようになるために学んでいる。お互いの理解のために学んでいたはずなのに、大人になると、伝えていることと受け取っていることが大きく離れていることが起こっている。それは、相手の言葉の中へ相手の感情という自分の想像を入れて話を聞いているから、相手の真意ではなく自分の想像で相手の話の内容を聞いて、相手が話していない感情を入れて受け取るから誤解や衝突が起こる。

数学に関しては、必要なルールの中で法則を見つけて段取りを学び、順序を組み立てて答えを導いていく過程を学ぶためにある。仕事にはルールがある。その中で法則を見つけて、段取り良く仕事が進むように手配や手続を行い、順序を周りに確認しながらそれを調整して結果を導くことに使いこなすために勉強している。

社会は、歴史でみると過去の経験から人間の心の動きによって起こった出来事を学んで、それを材料として未来を予測するために学んでいる。そして、地図の見方や社会の成り立ちを理解するためのものでもある。

人間は面白いように歴史を繰り返している。昔の人であろうが今の人であろうが、感情は同じで過去の経験を使って予測できることを最良にしていく改善を行っている。象形文字でさえ、今どきの若い者はという記述がされているほど似ている。地図や社会の役割やつながりあって助け合って支えあえることを学んでいる。

理科は、原理原則を学び、ものを観察して、考えて予測を付ける力を養うためにある。

物事をじっくり観察して原因があるから結果がある。どんな原因を自分でつくっていくかの練習であったり、物事の現象の原因を知ることで世の中の起こり得ることを予想してそれを使ってそれぞれの仕事に役立たせるための勉強として練習している」とYさん。

必要な基本

「各教科は、社会に出て仕事を始めるときに必要な基本がいっぱい詰まっている。それらは仕事をする上で、とても重要な基礎を築いている。でも習った知識だけが多ければすごいという学生時代にはない社会人として時と場合により応用して使っていく大切な要素を含んだ勉強だということを説明せずに知識だけを詰め込むから、学生は、何の勉強かわかっていないし、使えていない。そこが日本の教育を生かし切れていない部分である。勉学でない掃除や挨拶など規律に関しては、社会に出ても使えて応用できている部分も多い。

本当の教育がされるようになれば、観察して問題点を見つけて、どうすると達成できるか自分で考え行動して検証の結果、改善をして、そして答えを導けるようになる。なので、ないものから生み出すことも可能になる。生み出す行為はサービスであり、ものであっても人への貢献になり便利を生み出す。そうして、1人ひとりが社会の一員として貢献している実感を得るために教育を受けていて、受けた教育から知恵を出して使わないといけない。

そこまで教育の理由と意義を伝えられて浸透していけば、社会人としての即戦力が増えていく。段取り力を持つ人が多くなって磨いたお金を渡されたときにその想いの深さを察してくれる方も増えるようになるね」

Yさんは、そんな日本の未来ができるようになってほしい、と願っているようでした。

4　お金磨きと経営戦略

コンサルタント

Yさんは、大成功した方なので、筋の通った納得のいく話や参考になる話を沢山していただけます。

私が、経営に行き詰まりを感じたり、悩みがあるときには、アドバイスをいただけて助かっています。

そんな折に、Yさんからお金磨きに関して経営に生かせるご指導をいただいたことがありました。

「ピカピカのお金とピン札を毎回お釣りとして渡しているのは、一流のホテルでもしていないことだよ。これは宣伝方法を考えてアピールしたほうがよいよ」とアドバイスを頂いたことがありました。

美容室だからこれを特徴にしても意味がないと思っていた私ですが、そんな決めつけは私に枠をつくって可能性をつぶしていました。

Yさんにわかりやすく説明をいただき、そして考えさせられた話があります。

経営の基本

Yさんは、経営に関しての基本からこれからの未来の経営のヒントを教えてくれました。

「会社を経営していくには経営理念が絶対に必要だからね。それは、君がなんでこの仕事をしているのかの軸だからだよ。体にも骨という軸があるから立っていられる。軸という経営理念は、わかりやすく短く具体的であれば、誰もが同じ認識でまとまることができるから、強い組織には必要だ。

その次に、経営戦略を立てないといけない。経営とは、会社が動くために必要な人財、もの、お金、という資源をどう強化していくかが大切になるからね。体でいえば、どこにどれくらいの筋肉を付けて、どんな体型にしたいかということを決めることになる。この戦略を間違えれば思った通りの体型にならずに、最悪、疲れるだけ疲れて筋肉が付く前に体が壊れてしまうように会社の命運まで変わる場合も起こるから経営戦略は、よく考えて立てたほうがよい。

その次は、経営戦術を考える。食事方法や筋肉トレーニングなど筋肉の具体的な付け方になる。経営でいえば、どんな商品・サービスを取り扱ってどんな人材にどれだけ売上をあげてほしいという戦略に対して、どんな方法で達成するのかという行動が戦術になる。そしてその行動はきちんと売上が上がる方法なのか随時確認しながら、改善をかけて達成に向けて行動を繰り返していく。体でいうと、そのトレーニング方法できちんと筋肉が付いているのか随時確認しながら改善をかけていく。トレーニングを変えるところは変えて肉体改造の達成に向けて行動を繰り返していくようにすることだ。

例えば、君のお店でつくるなら1人のお客様と1人の従業員の笑顔と幸せをつくるということを軸にして、美容を通して髪と心と肌の穢れを祓うという戦略にする。戦術としては、技術や扱う薬剤・商品はこだわりを持って取り扱っているから髪が綺麗になる結果を約束しています。

さらに、お釣りは穢れのないコインやお札を渡していて、髪を綺麗にするところでは、神に対しても穢れを祓ったものを取り扱っている場所としたキーワードを宣伝する戦術にしたほうがよいよ」とYさんにアドバイスをいただきました。

錯覚が本当

「でもそれは未来の経営に関して、通用しない。昔だったら、この方法で良かった。でもこれからの時代の会社経営は、転換期を迎えていることに気づいているかい？　今の日本はとても豊かになって、ものやサービスがあふれているよね。だから、コンビニエンスストアやアマゾンなどで買い物をしていると、自分の意思で欲しいと思って買っているけどそれは、思い込まされた錯覚だ。

実は趣味・嗜好、目線や動線に人間感情を動かす傾向に合わせてものやサービスを配置されて、欲しいという感情を想起させられて買わされているようになってきている。気づいている人は、かなり少ないけれどね。

そして人間は面白くてね、便利になればなったただけ不便を求めるようになるのだよ。わざわざお金を払って不便を体験しに行くことをするんだよね。この頃は、不便の中に便利を織り交ぜて体験しに行くことをしている人が多い。だから、美容室でも実際に輝く髪に変えていくには時間がかかることやトリートメントはその場だけで、本当に良くするには、ズボラの方が綺麗になるなど君が普段から伝えていることを非常識でも広めていくほうが誠実であって、心が安らぐ人も増える。何よりも未来の経営に必要である」と私へのアドバイスをいただきました。

「お金で交換できるものやサービスは誰かがつくってくれたものに過ぎない。お金で交換できない自然の景色や現象は、お金をいくら積んでもどうしようもないものもあるということを人間は知らなくてはいけない。だから、ここにしかない磨かれたお金という価値をしっかり伝えていきなさい」とご指導を頂きました。現代は、ものが溢れて自由があります。私は色々な選択肢が増えた分、考えることをしていない方が多くなった気がします。

そして、人の提案を受け入れて、言われるがまま行動することで、騙されたと気づいたときに文句を言う。騙す人が悪いのは、当たり前ですが「考えない、人任せな人生を歩む」ことも無責任だと思います。自分の人生は自分で責任を取り行動していく。何が起こっても自分の責任だから損した分は自分で稼ぐ覚悟をしなければいけない時代だと私は思います。

第四章　お金磨きでトラブルやリスクの回避

1　トラブルとお金磨き

出来事

人生には、予想もしていない出来事が起こります。時には幸せなことであったり、時には耐え難い不幸であったり、良いときとそうでもない時の流れもあります。

そんなとき、自分に起こった事実をどのように解釈して受け入れているのかで、心のあり方が大きく変わります。お金磨きでいうと、手元に来たそのままのお金と磨いたお金は、お金としての価値は変わりませんが、お金に対する印象に違いができます。綺麗であるか、そうでもないかの違いだけ起こります。これは世の中にあるトラブルを説明することとつながっています。

ほとんどすべてのトラブルは、渡すほうと受け取るほうの解釈の違いで起こっています。

何かをしてあげたり、伝えたり、渡すほうは、相手を思って最良なことだと選んで投げています。ですが、受け取る側が何これ、余計なお世話、自分でできるし、自分でしたほうが納得いく等、受け取り方の解釈が自分の主体に合ってないとトラブルになります。受け取る側が助かった、ありがとう、自分が欲しかった、これで成長できるなど、相手のしてくれたことと自分の主体に合ったことであるとトラブルは起こりません。むしろ信頼関係が生まれますし、強くなります。

現在の日本は、その自分の親切心と相手の受け取り方の違いができたときの上手い埋め方ができずにトラブルになることを恐れて、何もしない無関心を装う感じで希薄感が生まれています。

トラブル回避

Yさんはトラブルが起こらないヒントは、お金磨きにあると教えてくれました。

私はお金を磨いただけで、トラブルが起こらないとは、今までいろいろな教訓を伝えていただきましたが、全くつながりませんでした。

Yさんのヒントは、「10円は10円だよ」

「んー。価値は変わらない？　こと」

「すべてのトラブルは、渡す方と受け取る方の解釈の違いで生まれる。本当は、自分で考えて答えを出してから教えたほうが身になるんだよね。頭を使って判らないことを知ったときほど記憶に残るからね。どうかな？」

そこまで言われたら、私は頭を使わない訳にはいきません。

色々考えました。１つの道筋が見えたので答えました。

10円は10円という価値は一緒。だから認識が一緒なのでトラブルにならない。だけど、渡し方の言葉や動作、渡すもの自体の綺麗さなど、気遣いを感じさせるものには双方の違いを感じられるからトラブルが起こる可能性が出る。そうすると、認識を一緒にするルールや決まり事を決めておけば良いけど初見の方には通じません。前提を付けて説明をすれば済みます。そのような答えをYさんに伝えていたときに、思い出しました。

すでにYさんは、私に教えてくれていました。「磨いたお金を渡すときに、説明をして渡すのだよ」というアドバイスです。

「君がどんな思いで、どのような方法で磨いて、これをお釣りとして渡しているのか」

感情や事情を込めた説明を入れて渡せれば、トラブルになりません。

感情の修行

出来事が起こるには、何かしらの理由があって起こります。怒りも悲しみも、うれしさも楽しみも理由があって生まれる感情です。その感情で行動を起こして出来事が起こります。

感情がないロボットだったら、不具合の原因を見つけて直すだけで終わります。他者とのトラブルではなく自身のトラブルにしかなりません。だから、人間の感情の連鎖のようにトラブルの波及は起こらないのです。

私が今まで教わってきた一連の考えを総動員して、導き出された答えをYさんに伝えていましたら、人間は感情のあるがまま行動するとトラブルを招くと、私の解答が出ました。

「ある意味トラブルは、人間の感情をコントロールするためにおこる修行のような出来事なんだ。感情は、常に動くからトラブルは起こる。

けれど、お金磨きをしている君のように自分と向き合う時間を定期的につくることで安定した自分をつくることがトラブルを回避するには必要なことである。

方法は、君の場合はお金磨きだけど、何でも良くてね。自分と向き合うゆったりした時間をつくって平穏に感謝できるような心のあり方ができていれば、ほぼすべてのトラブルを回避できるようになる」とYさんは言いました。

私は、なんかYさんが、仏の身に入った方のように感じました。

ですが、ただの大成功した経営者です。

Yさんは昔、人にものを伝えるのが苦手で教えていても本心が伝わらずに難儀したみたいです。

1つのことに集中できず、いろいろしていたから力が分散して大成できない時期もあったみたいですが、いらない労力を削って本当にやりたいことと儲けられることをつなぐ理由を軸につくって頑張って成功したみたいです。

過去に起こったトラブルは人間の感情をコントロールするために起こる修行のような出来事とし乗り越えてきた経験を話していただいてます。トラブルは、相手の要因を受け入れて自分のこととして考えてみると、やさしさという許しがはたらいて衝突は起こらなくなります。

2　お金磨きで使用人からの解放・・・使われるか、使うか

心地良さ

Yさんは、大成功しているからお金には困っていません。買い物なども値段を一切見ないそうです。うらやましい限りですが、自分ルールがあるそうです。

それは買い物に出かけたときに買うものすべてにおいて必要か必要でないかを考えるそうです。購入を決める際には、買えるか買えないかという金額で決めてしまうと、心地良くないものを手にしてしまう確率が高くなるそうです。それは、我慢で購入したものだから、どうしても買ったものを見るとそのときの気分で落ち込む確率が高くなるのだそうです。

もしくは買えるようになったら買おうとなってしまい、使えるものを処分してしまうのは、もったいないし資源を無駄にすることになるから、自分に必要であって気分が高まる物を金額に関係なく購入するルールを持っているそうです。

Yさんはこのような話は、普段あまりしないそうですが、私がお金磨きをしたお釣りを渡し続けていたのを見て、お金の扱い方や関わり方に感心していただけて、話してもよいと思ったそうです。

Yさんは、もともとお金には、それほど苦労していなかったようです。ですが、困ってないくら

いでお金持ちではなかった。そしてお金で何度も騙されたり失敗もしたりしたけれど、常に家族のためや恵まれない方々のために自分がお金持ちになるという決意で行動し続けた結果、大成功を掴んだとも教えてくれました。

何とかなる

Ｙさんの経験の中での最大の特徴は、できない理由を考える前に行動して、行動しながら考える。最終的には「何とかなる」という心構えが成功の鍵だそうです。

Ｙさんは、元々お金は、あるだけ使っていたそうです。だから、欲しいものができたら買えるものは買って、買えない金額のときは貯めて買っていたそうです。

手元に残ったお金は旅行が好きだったので、移動費などに費やしていたそうです。自分を磨くために自分への投資のような勉強としての使い方ではなく、自分の気分が上がる使い方をしていたそうです。

大半の方は、お金がないと何もできないと思って行動を止めてしまう考え方をしますが、Ｙさんは何とかなるとしか思ってないので、流れに身を任せて気分の上がる所へ行っては、気さくに現地の人と仲良くなって、その後も連絡を取り合って一期一会を大切にしていたそうです。お金がないときは、現地でお世話になった方への奉仕活動で凌いでいたこともあったそうです。

「そんな行動をしていると、面白い発想を持った人になんか出会ってしまうよね」とYさんは言っていました。

その経験が現在の状況をつくった原点だとも言っていました。その頃は、お金なんてあってもなくても何でもできると考えていたので、Yさんにとって取るに足らないものでした。

その後、お付き合いした方と結婚をしたところで、養っていくためにお金を稼ぐにはどうするかを突き付けられたけれど、そのときも「何とかなる」だったそうです。それまでの経験で知り合った方々との交流と発想とひらめきから、唯一そこにしかない、ある業種のお店をつくりました。

その店には、いろんな業種の人が集まったので、いろんなアイデアが飛び交い、それをできることから実現させて楽しんでいたら、いつの間にか大きくなっていったそうです。その頃は、借金のほうが膨らんで大変だったようですが、お金の価値は、人が集まればお金も集まるし何とかなるということで借金に悩む時間よりも人と楽しむことを優先していたそうです。

お金がないならアイデアやスポンサーを探してカバーすれば良いと楽しんでいたそうです。そうしていると、集まった人の中からお店を任せる人が出てきたので、譲り渡して、次の楽しみをつくっては、任せての繰り返しの流れが起きて、いつの間にかお金に困らなくなったそうです。

運や時代が良いと言えばそれまでですが、大きなヒントが隠れていると私は思います。

もしお金のために働いていたら、苦しさの比重が大きくなるので、そこまで頑張れないし、楽しさもないので人も寄って来なかったでしょう。そして行動する前にできない理由を考えていたら、できることをする、という単純にしてシンプルな行動も起きていませんでした。

お金に使われる人とお金に使う人

Yさんは、「世の中にはお金に使われる人とお金を使う人がいる。どっちになるかは、自分次第だ」と言っていました。

2つの違いは、お金に使われる人というのは、お金が最大の理由になり、お金のために働き、金額で買うものを決め、数値価値でものの基準を見てしまうので、自分にできることからするという単純にしてシンプルな行動を起こせないためにいつまでも、お金のために使われる人になってしまいます。

Yさんのように楽しさを追い求めて、そのためにお金を使う人は、お金が自分のしたいことのために働いて、金額ではなく心の欲求で買うものを決めるので、数値価値は基準にありません。

高くても安くても自分の価値基準でものを選択できるから、お金を使える人になれるということです。お金を磨いていたからYさんから、この話を聞けるチャンスにつながりました。

私がしている行動は、必ずどこかにつながっているので続けていきます。

無駄だと思ったことがすごく大切で、チャンスにつながること信じています。

3　お金磨きで変わるお金との付き合い方・・・なくてもよい気持ち

人間関係と年収

Yさんは、お金との付き合い方と人間関係についても成功者の視点で私に教えてくれました。

「よく自分の友人5人の年収を合わせた平均が自分の年収だと言われているけど、あれには理にかなった説明の行く理由が存在している。私が漠然的に感じていた人間関係と年収の関係は段階的につながっていたよ。年収は、その人の仕事に対する考え方や職業に就くために必要な資格を取ったり、考えた結果、行動を起こして得ている数値評価の基準になる。誰でも高い収入を得たいと思う。そのために自分は何をしたらよいか考えて、それを達成するために行動を取っていくから、その年収を得られるようになる。年収は、その人の考え方と行動力で築き上げられているとは誰も感じていないよね。もし運で成りあがっても絶対にボロが出て転落の憂き目に合っているはずだ。でも下積みの土台があると、その経験を糧に這い上がっている人のほうが多い。だから年収は、考え方と行動力の結果としての数値評価だと思っている。だけれど、組織の中で、甘い汁を吸っている人もいる。だが、現代においていずれそのような人物は、淘汰されていくから、そのような考え方の部類に入らないことだ。話が逸れたが、年収の話に戻そう。付き合う相手の考え方は大きい。自分にも大きく影響する」

年収と考え方

段階的に話す内容や考え方の違いをYさんが簡単に説明してくれました。

現在年収が低い場合に、友達を見てみよう。

飲み会や遊んだりしたときの会話は、愚痴であったり、願望であったり、過去の栄光の話、女の話、いかに安く遊べるかの話になっていないか？　確認してみて欲しい。

現在年収が中位の場合に、友達を見てみよう。

現在の自分の成長や今後の目標、情報であったり、どんな人やお店を知っていたり、など向上心があって情報を稼ぐ力に変えようと人とのつながりに必死になって頑張っている人が多くないか？確認してみて欲しい。

現在年収が高い場合は、自分の趣味の話、旅行の話、儲け話、情勢の話、健康の話など、余裕を感じさせる内容になってくる。これから未来を創る自分達のブレーンを育てる話になるかもしれない。

年収の平均値の違いは、段階的につながる人が変わり、話の内容が変わり、使うお金の金額も変わってくる。付きあう人は選別しないといけない。

「もし君が年収の低い人と付き合う場合は、必ず貧しい方に合わすか、君が奢るしか付き合えなくなっていく。それを繰り返していくとお互いに気まずくなり離れていくことにもなるよね。だから、同じような人が周りに集まるんだ」とYさんに忠告されました。

「だから、目指すべき人達の輪に入っていくことを積極的にして吸収できる考え方を身に付けて、真似していくことだよ。そうしていると自然に自分の考え方が変わり、ステージの高い内容のある自分になっていくからね。そうやって自分の内部を高めていくことが仕事の中身を高めることにつながって、年収が上がっていくことにつながる」

お金と人格と品格

「お金をたくさん持つことは、ただ選択肢が増えるというだけだよ。よく勘違いしている方がいる。お金をたくさん持ったから権力を手にしたような錯覚をして、自分は偉くなった。と思っている人がいるけど、お金と人格は別の要素だから偉くもなければ力を持った訳でもない。ただの選択肢が広がり、色々なサービスを受けられるだけなんだ。お金持ちのイメージは、このような人達がどうしても目立つから起こる」

Yさんの中の本当のお金持ちは、心が豊かな人で人の役に立つことを念頭に置いている人です。自分という存在や持っているもので、人の役に立とうとしている人こそお金を持つべきだとおっしゃっていました。

お金を持ってない方がお金を持つと物欲を満たそうとしてしまうけれど、ものが増えても心は満たされないから、やめたほうがよい。

物欲は限りがないから。それよりも分け合う心で人の喜びに使うほうが自分の幸せだけでなく人の幸せも入るので何倍にも増える。

お金磨きをしている君には、人を幸せにしている実績があるから君自身にも、幸せになって欲しいと願っているよ、とYさんに励まされました。

それぞれのステージがあって、考え方がその時々で変わり、お金を持った人が良い人で、そんな人たちが増えれば世の中も変わってくると私は思います。

お金に善悪はなく、使う人で良い使い方と悪い使い方に変わります。

人が不幸にも幸せにもなれるのは人間関係にも似ていて会社組織にも似ています。

幸せになる良い使い方を増やしていきましょう。良い使い方どんなことでしょうか。人の幸せのため、となるとおごればよいと思ってしまいますが違うそうです。

例を挙げるとすれば、人の夢を達成するために使うことです。お金で協力することもそうですが、情報や人脈で協力したり、行動でも協力できます。人の夢の応援をする使い方は、貸すことです。

当事者に絶対に責任を取る覚悟をさせて、投資をする形でYさんは応援するようです。

4　お金は色鉛筆？　道具、引換券、ものをしっかり見る

お金と色鉛筆

Yさんに教わった、お金を持つことは選択肢が広がるだけのこと。

私が会った方で、誰もこんな単純に、お金の本質を表現している人はいませんでした。

ある意味それを知ってから、お金って交換するツールなのだと私の中の価値観が大きく変わりました。お金自体に価値はありません。印刷してある数字までのものと交換できる券となりました。

交換できる券と考えれば、もの、考え方、情報、システム、便利さ、など誰かが生み出したサービスとの交換ができるものでしか使えません。ないものやないサービスは交換できないことになります。だから、ないものやサービスを生み出してしまえば、誰かが買ってくれてお金が集まることにもなります。

たとえ、あったとしても色んな形でオリジナリティーを付ければよいだけです。

Yさんは、違う表現で説明してくれました。

「色鉛筆とお金は一緒だよ」

「おっ！」っと。またまた、私の想像の付かない表現が出ました。でも続きます。

「色鉛筆は、1つひとつ色が違うよね。お金も1円、5円、10円、50円、100円、500円、1000円、2000円、5000円、10000円も1つひとつ違うよね。

色鉛筆とお金は、組み合わせて絵を完成させる点と組み合わせて交換できる点を一緒と考える。

その種類が多ければ多いほど色の色彩が表現できるようになるし、金額が増えれば増えるほど交換できるものやサービスが増える。

色鉛筆の選択肢が増えるということは、描かれる絵が変わる。

お金の選択肢が増えるということは、描かれる人生が変わる。

だから2つは同じなのだ」そうです。

同じ道具を使ってどんな絵にするのか

Yさんは、同じ道具を使ってどんな人生にするのか、と言います。

要は、いろんなことをできる選択肢を増やしたいからお金を集めるということに集中してしまう。

でも描く人生を決めてしまえば集めないといけない量も決まるから、もっと楽かもしれない。

そのことにもっと気づいたほうがラクに楽しく人生を描けるようになります。

付け加えるなら、「人生をつくる上でどんな人生にしたいか？」

そして、「どれくらいの量の使う道具が必要なのか？」把握することが大切だそうです。

1つひとつと1人ひとり

それができるようになると、お金と人生自体をしっかり見られるようになります。

私は、お金磨きをしていると、コインをしっかり見るようになりました。

10円玉の1つひとつに違いが見つかります。

人間も1人ひとり全く違っています。

でも10円の価値は変わりませんし、人間の命の尊さも同じです。

1つひとつのコインに、傷があり、凹みや曲がり、取れない汚れなど製造された年式から歴史を感じられます。

人間も1人ひとりに心の傷があり、体の歪みがあり、取れない記憶など生まれてからの歴史で今の状態が出来上がっています。

お金磨きをしていると、お金も人間も、そのものをじっくり見ることをし始めました。

そうしていると、人間の場合は、考え方の癖や話し方のクセなど相手の歴史に思いをはせて勝手に育ち方を想像してしまいます。

コインの場合も、どんな人に使われてどんな人の想いが入っていて、どんな経由でココに来て磨かれているのか想像してしまいます。

じっくり見る

じっくりものを見ることは、その人やものをしっかり理解することにつながります。

意外に、ものをじっくり見ていることは少ないので、理解しているようで理解していない親子の関係や上司と部下の関係など人間関係に応用して使ってみると歩み寄りができるようになるかもしれません。


相手を変えるより自分を変えたほうが早く関係が良好になりますから。

自分自身をじっくり見ると一番自分が自分を見えてないことに気づいたりします。

美容師という職業柄、お客様に伝えて当たり前だけどビックリされることがあります。それは、鏡の前にいる自分の姿です。

鏡の自分を良く見せようとしますが、人の印象は真正面など顔が見える側からみられているのは2割位で後の8割は顔が見えない後や斜め後ろからの印象があなたの印象になります。

人の印象を持つときを考えると顔側ですか？　後姿的ですか？

特に知らない人の印象はどうでしょう？

あなたの印象もそのように自分が見えてない所を見られて印象づけされています。

見えている部分に意識を集中するよりも、むしろ見えてない部分を良くしたほうが内側から輝く言葉で表現できない印象を良くします。

5　お金は幸せの象徴ではなかった…お金を持った気持ち

経済的自由・精神的自由・時間的自由

Yさんは、楽しさを追求しているうちにお金に困らなく大成功をしていましたが、その大成功が最初は苦痛でしょうがなかったと言います。

Yさんの幸せは、経済的自由・精神的自由・時間的自由の3拍子が揃って手に入いると本当の幸せを感じられると思っていたそうです。

経済的自由があれば、時間的自由と精神的自由は手に入ると思っていたそうですが、実際は違っていたそうです。

確かに経済的自由が手に入ったときは、楽しかったそうです。そして、遊んだり、旅行に行ったり、飲みに行ったりと毎日が楽しかったみたいですが、あるときを境に変わったそうです。

それは、お金を持っているようだとわかると相手の態度に変化が出るそうです。

「今日は、奢ってもらえるよね！」という態度であったり、「お金がある人はいいよね！」という妬みや羨みであったり、付き合う人や出会う人がYさんのお金目当てで近づいて来ているように感じたり、今までの友人知人、身内までもお金としてYさんを見てくる目に変化を感じて悲しくなり、人間を信じられなくなったようです。

ステージに違いが生まれて今まで普通に付き合っていた人が、ステージに違いができると、その方々との付き合いによって精神的自由を奪われていく体験をしたそうです。

そうなると、時間的自由もマイナス的な考えに支配されるようになるので自由が苦痛に変わっていくそうです。

出会い

そんなときに、Ｙさんは師と仰ぐ方に出会ったそうです。

その方も、Ｙさんのようにだんだんお金持ちになり、お金をたくさん持つことにより周りとの変化を感じて、出会う人や付き合う方を信じられなくなる人間不信に陥っていったそうです。

身内にも変化を感じて怖いと思ったそうです。

そこで､脅迫やプレッシャーを感じるくらいなら楽しませてやれと考え､他者のためにお金を使って喜ばせることをし始めたそうです。

両親とは旅行に出かけ、初めて親孝行を始めました。他人には、むやみに奢るのではなく、その人の勉強のために使うことにして、庶民的な所だけでなく高級な所にも食べに行き、自分のマナーを学ぶ勉強も始めたそうです。そうしてお金を持った自分の姿と中身を磨いていくことに集中し始めているのと周りの対応も変化してきたそうです。

きっと自分の心が、相手は自分をお金で見ているという疑心暗鬼で相手を見ていたので、その態度や心は鏡の法則に従って返ってきたのだと、Ｙさんの師匠は思ったそうです。

だから、その状況は自分で引き起こしている現象なのだということをＹさんに伝えられたそうです。

それを伝えられてからのＹさんは、人の喜びにお金を使い始めたそうです。

親孝行やお世話になった方への感謝の旅行を定期的に行い、お世話している人にも頑張って欲しいと労いと期待を込めて高級食事会の開催など、人の役に立つことには、惜しげもなくお金を使い、人を駄目にするような、ただの奢りには自制してそれを非難する人は遠ざけるようにしていったところ、経済的自由と精神的自由と時間的自由のバランスが整い始めたそうです。

お金をたくさん持つから幸せではなくて、たくさん持ったお金をどう使うかで不幸にも幸せにもなれるということを知ったそうです。

バリア

それからは、不思議とＹさんはあまりものを持たなくなったそうです。

車や家も必要以上に豪華なものではなくて、シンプルで、お金持ちと知らない人は普通の人にしか見えません。

ただ宝石だけは、いっぱい持っていました。理由は、宝石というのは母なる大地と父なる天を結ぶ間にいる自分を輝かすために必要だから持っていると私に教えてくれました。

「装飾品と思われがちだけど、宝石は人間の元々の能力を引き出すために自分に合った石を持つことによって内側からの輝きを引き出すためのスイッチとバリアにもなるからもっているのだよ。

逆に、合わない石だとエネルギーの流れを悪くするからきちんと見てもらうことが大切なのだ。

人間は目に見えているものを大切にするけど、世の中には目に見えているものより、目に見えてないもののほうが遥に多いことを知っておくことだよ。

目に見えないほうが大切な事がたくさん詰まっているからね」

だからYさんは、エネルギーの流れや健康には気を付けているそうです。

面白いことに、お金をたくさん持つようになってから、特に健康に気を付けるように変わっていったそうです。

「健康でないとすべてが台無しだよ。心と体のバランスが整っていることが健康で、健康だから何事にも感化せされて感動できるような状態になれる。君がお金を磨いてくれて綺麗なお金に対して感謝の気持ちを持てたのも、私の感度が反応したからなんだ。君の輝きをもっと増してくれると僕もうれしい」という言葉をYさんからいただきました。

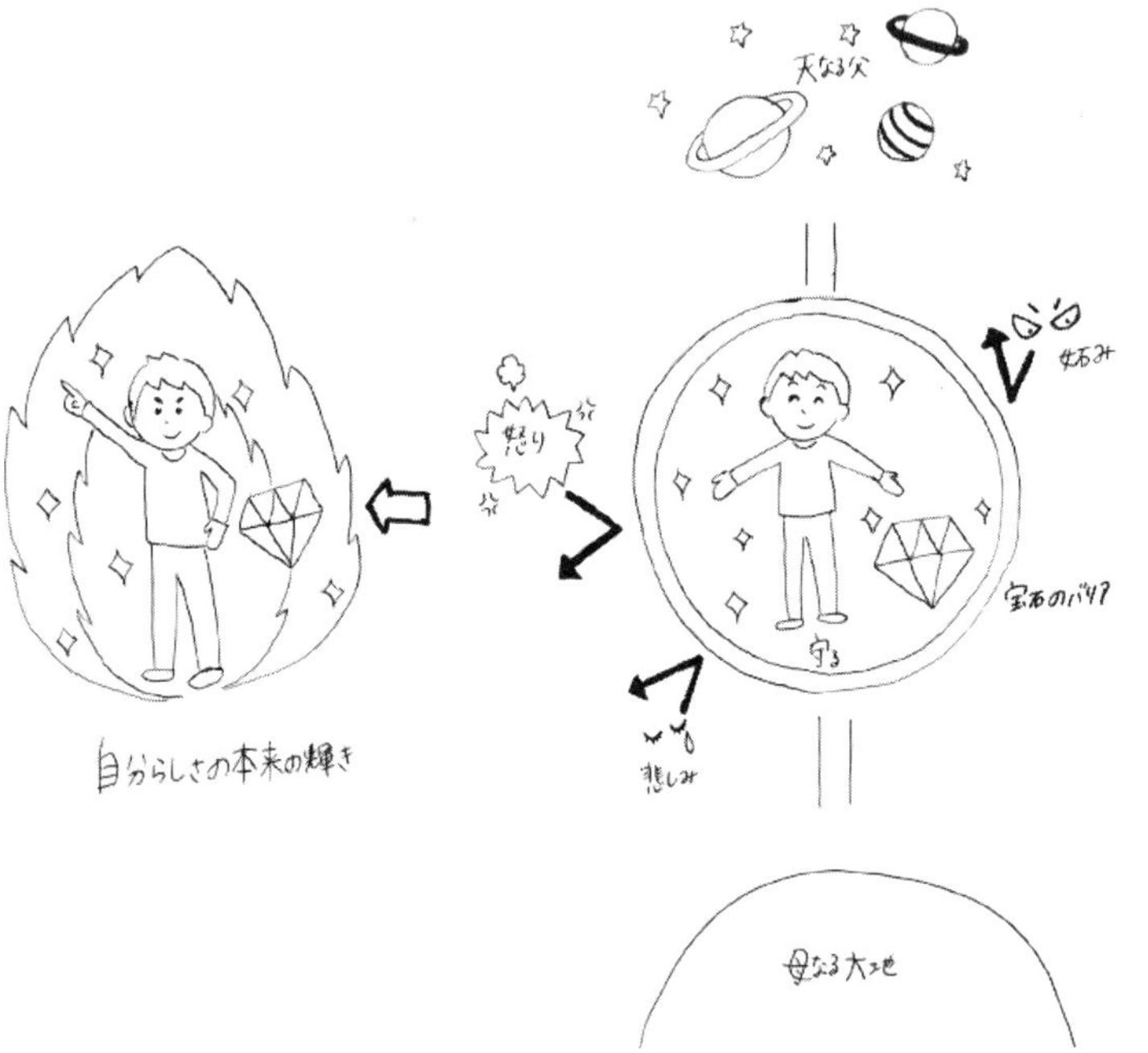
天なる父
妬み
怒り
宝石のバリア
守る
悲しみ
自分らしさの本来の輝き
母なる大地

第五章　お金磨きをして転換期を迎える

1　お金を磨いて感じる転換期

バタフライ効果

Yさんは言いました。

「いつでも初めての今日がスタートしている。同じような1日だけど、毎日初めての日を迎えている。その連続が人生となっていく。その毎日の行動や言動は、未来に対して偉大な影響力を持っている。お金磨きでの影響を君に説明したけど、まだバタフライ効果の話をしていなかった。その話は知っているかい？」

と質問を受けました。私は聞いたことはありましたが、説明できませんでした。

Yさんは、話始めました。

「未来は誰にもわからない。でも、未来を創ることはできる。どんなに些細に思えることでも、今起こした行動は未来につながっている。行動の大きさより起こした事実と時間の経過によって未来は大きく変わっていく」

バタフライ効果というのは、気象学者エドワード・ローレンツの講演で「ブラジルでの蝶の羽ばたきはテキサスでトルネードを引き起こすか」からきている話になる。

内容は、些細なことが、徐々にとんでもない大きな現象の引き金につながる？　という考えについて話されていて、ある場所における蝶の羽ばたきが、はるか遠くの場所の天気を左右する可能性について考えられる。

気象現象は不確定要素を多分に含むので、どのような状態になるかを予測できない。だから、ブラジルでの蝶の羽ばたきがテキサスにトルネードを起こす原因につながらないとは否定できない。という内容だけど、これは未来にも言えるとYさん。

現在の思考や言動や行動や思い付きのアイデアでさえ未来を左右する可能性に含まれる。未来は不確定要素を多分に含むので、どのような状態になるかを予測できない。

だから、今の君が思うことや、することなどすべてのことが未来を変える原因につながらないとは否定できない。

毎日、同じことの繰り返しでも気象条件、湿度、温度、すれ違う人、行く場所、行動は少しずつ違うはずだ。その積み重ねは、すごく小さいことだけれど未来を変える要素になっている。

天気と転機

「お金磨きは、確実に人を気持ち良い気分にしてくれるから、その思いが良い影響を起こす波動を出し始める。だから好転して行く入口を常につくっていることになるよね。その積み重ねにより転機は来る」とYさんは言いました。

「そして転機を迎えるときは、動きが目まぐるしく起こるか静まり返ったりする。たとえて言うなら、日の出の直前の闇が一番暗い状態をつくる。今後、朝が来ないかのような絶望的な想いを抱く闇のすぐ後に、朝日が昇り希望に満ちた明るさで包み込んでくれる。御来光に包まれる安心は最大の恐怖や不安の闇を経験しないと訪れない」

別の例えは、「天候でいうと台風という掃除が地球規模において、邪気や悪気や大気の汚れを飛ばしながらできては消えて綺麗にしてくれる。台風の訪れは、静まり返り何事も起こらないような静けさの後に突然の嵐と変貌する。そして、嵐は邪気や悪気や大気の汚れを飲み込み、吹き飛ばしながら通過していく。通った後は台風一過の天気を体験していればわかると思うが、あれほど空気が澄み渡り、清々しい気分にさせてくれる天気は、そうそうないはず。転換期は直前に起こっている出来事が嘘のようにガラッと一瞬で変化して行く」と二つの例をYさんに教わりました。

転換期を迎えるにあたってバタフライ効果にある、些細なことの積み重ねが時間の経過と影響力によりガラッと一瞬で変化して、自分の想像を超えた未来へ道をつくっていると考えて過ごそう。

お金を磨いていると、自然と最悪の結果は来ないです。もし最悪と思う結果が訪れたときは、転換期の暗闇であって希望の明るさの前兆でしかありません。それを信じて行動を続けるか、諦めて行動を止めてしまうか、で未来は変わると思います。

2　お金磨きは引き起こしの法則

引き起こしの法則

Yさんは、面白い発想の持ち主です。あるとき私に「引き寄せの法則」はあると思う？　と質問されたので、私は、「はい」と答えました。

そうしたら、あれは実は引き寄せではなく、「引き起こしの法則」が存在しているから夢も叶うし成功もすると言いました。

私は初めて聞く「引き起こしの法則」の存在にビックリです。

Yさんは、「バタフライ効果で、どんな些細なことでも原因の要因になる可能性があることは説明したよね。ということは、君が考えたことや思ったこと、行動したこと、発した言葉、すべて君の何かが引き起こしてから、引き寄せられてくることになるから、君が生み出したことで、引き寄せられる順番になるよね。だから本当は、「引き起こしの法則」という生み出しを起こして、それに準じた出来事が「引き寄せの法則」によって身に起こるようになるので、「引き起こしの法則」が先になる。では、「引き起こしの法則」とはどういう法則か？」

これは、どこにもないYさんの「マイ・ジロン」（持論）だそうです。

方法

まず、「夢でもなりたい姿でも何でもよいから考えること」、「そして叶った状況を思い浮かべて感情をこめてその状態の思いに耽ることが重要だ」、「リラックスできてすごく体も心もラクになっている」、「どっかで聞いたことのある法則のような内容でいい」妄想でも理想でも感情の入ったラクな想いを感じたら、今度は、そうなりたいのはどうしてなのかを考えてみよう。このときに大切なのは、ラクな気分を続けてどうしてなのだろう？　と自分に問いかけてみることをしてみよう。

どんな答えが返って来るかな？　くれぐれも考えすぎて眉間にしわを寄せて悩みを絞り出すような考え方はしないように気を付けよう。そうすると現状のココを改善したいということが出てくると思います。それを1つひとつ紙やノートに書き記していくようにしてみよう。

そうやって君がなりたい理想の状況は、現状から逃げたい気持ちや願望を想像しただけだったのかもしれないことに気づけるようになる。

今度は、ノートに書き記した改善の1つひとつすべてがクリアになったらどんな気分でどんな状況になっているかを想像してみよう。ラクな気分で行ってみよう。そうして1つひとつのクリアを深堀していくと君のするべき行動に行きついていく。それが見えたらもう、行動に移すだけでいい。

そうすれば、問題がなくなっていく行動をするだけになるとYさんは話してくれました。

「だけど、とても大切なことが1つある」とも付け加えました。

行動

「行動には、理由や動機という魂みたいな原動力を入れることが大切で、それがあって行動を起こせるようになる。

理由はないと思っても、今わからないけど、現状に何かの危機感や不安があるから解消したいための行動という理由でもよい。それも理由の1つになるから。

あくまで、ラクな心地良い気分で君に沸いた気持ちで行動することが大切。

私は、まとめると「引き起こしの法則」は、湧いて出た気持ちに素直に行動することだと思いました。

行動は、原動力という自分軸が湧き出している状態を保ったまま、心のままに行動できるようにして、なりたい自分になる法則なんだ。

そんな状態でいると「引き寄せの法則」が働いて、上手くいくようになるようです。

Yさんは、続けます。

「引き寄せの法則が宇宙の法則とも呼ばれているのは、天体が規則的に回っていることや、日本に春夏秋冬があるように法則に沿ってすべてが交わりあい流れている法則だから、その一部として君が流れに乗るには、自分と向き合い自分の心に正直に行動をして、ぶれない動機もできてくる。だから、したくないことやしなくてよいことに惑わされず流れに乗れるようになるよ。君がお金磨きを続けているのは、君なりの理由があるはずだ」

私は、一流ホテルでもやらないことをするという理由があって続けています。

仕事も、楽しいことも、自分の成長のことも、家族を養うためも、社会貢献も、人の役に立つためなど、どんな些細なことから大きいことまでも理由や動機があるから、人間は行動を起こしている。だけど、心地良くなければいけない。心地良さがない忙しさは、自分以外の都合によって引き起こされている。心地良さを感じられなくなり、行動していることが心の中で受け入れられる場合であればよいけども、受け入れられていない場合は苦しくなる。

心に正直になって誠実さと正しさが加われば、引き起こしの法則に沿って引き寄せの法則が起こり、幸せを感じ続けていける。

行動は理由のこだわりの大きさによって、継続力や誘惑に負けない軸が備わり続けられるようになる。続けた結果により、「引き起こしの法則」を完結できる。

Yさんは、自分の成功も「引き起こしの法則」で妄想したところが原点だったそうです。

そして、肉付けという行動をしていきながら軸ができ始めて、止められない確固たる理由に代わっていって、こだわり続けているうちに仲間ができて「引き寄せの法則」が働いて、成功していたそうです。想像して行動を始めることが「引き起こしの法則」の始まり。

すべては、自分の中の「こうだったらいいな！」から始まります。

3　お金磨きと座禅

時間貧乏

お金を磨いていると、時間の体感と実際の時間経過に差を感じます。

Yさんは、「贅沢だねぇ！」と言ってました。

自分と向き合って自分を深堀できる時間をつくれるのは、今の時代にはあえてつくらないとできないから贅沢な時間だそうです。

だから現代人は、時間に対してはとても貧しい感じがあります。携帯、TV、パソコン、ゲーム、SNSなど。自分がしたいことだと思っていても、実は自分が気になって捉われているだけであって、本当に必要であったり、したいことかと問われれば必要はなくて、したいことでもないことだったりします。本当に目を向けて、あえて時間を取られなくても良い情報やコトに時間が割かれることも多いと思います。

ですが、その情報の中にチャンスはたくさん転がっているのが現代です。

Yさんもインターネットから新しいアイデアやしたいことを発見するときもあるみたいです。「一概に悪くは言えないけど、自分で取捨選択できるようにしておくべきだね」と言っていました。

そして、インターネットの世界も昔ほど正確な情報は少なくなっていて、人の感情や意見が入り込み湾曲された情報が増えているから、精査しながら情報を受け取っていかないといけないと感じているそうです。正確な取捨選択を行えるようにYさんは、座禅をしているそうです。

座禅とお金磨き

そして、Yさんに、「お金を磨く行動は、君にとって座禅だねと」言われました。

座禅もお金磨きも自分と向き合う時間であって、想いを手放していくことや、無心になり、「あるがままにいる」という状態が似ていると言われました。

Yさんは、座禅の難しさを教えてくれました。

座禅の姿勢は足を組み背筋を伸ばして、肩の力を抜きます。頭を天から吊るされているように背筋を伸ばしますが、ラクな姿勢を保ちます。ひもで上半身を吊るされた人形の状態をつくります。そして瞼を半分閉じて、半眼の状態で1～2m先に目線を落とします。手は丹田の場所で組み、その姿勢のまま10分間無心をつくるのです。

一番難しいことは、五感を刺激する音・動きなど情報に対して動じない自分をつくり、さらに思考しないことを続けることです。例えていうなら、木になりきること。木は存在していて「ある」のですが、風が吹けば枝や葉を揺らしてなびきます。だけど、思考せずに佇み「木がある状態」です。その状態を人間がつくるということです。

人間は、これほどまでに、五感の刺激に思考が捉われているかがわかるそうです。その思考を手放すことを座禅で練習するのですが、お金磨きに集中するとその状態ができるときがあります。

そうなったときは、思った以上に時間の長さを私は感じます。

まるで、田舎でのどかに佇みすごく長い時間ゆっくりしていたはずなのに、体感と実際の時間経過の違いにビックリした経験をしましたが、それに似ています。

人間は心配なことや仕事のことや気がかりなこと、携帯、情報、趣味、などに捉われ過ぎていて、五感を刺激された瞬間に思考が始まってしまうことが、チャンスを目の前にすぐ行動のできない越の重い理由になるそうです。君は、お金磨きで行動を始められる訓練をしているのだね。

決断と行動

そしてYさんが断言しました。

「もしチャンスがきたときに行動できるかできないか、チャンスを掴むか逃すかの違いは、決断と行動だ！」

「決断は、動かなくてもできるから誰でもする。でも行動は違う。わかっているから行動する人とわかっていても行動しない人に分かれる」

その分かれ目は、経験という過去で生きるか。これから起こる未来で生きるかで分れる。

行動のブレーキになるのは、五感の刺激で思考が始まり嫌な感情が先に立つと起こる。

行動のアクセルになるのは、五感の刺激で思考が始まり楽しい感情が先に立つと起こる。

この2つは、過去の経験から想起される場合が多いけど、座禅をしていると損得勘定ではなく直観力で決断できて行動するようになる。

お金磨きと座禅は、似て非なるものでも集中と無心は通じているところが多いね。

人生に遠回りと無駄な経験はなくすべてどこかで通じているから、それを忘れずに自分を磨き続けることが大切だよ、とYさんは言います。

本当に大切なことは、方法が違うだけで本質は同じだから。

決断は早く、でも慎重に。その基準は私利私欲を捨てて現在の状況に関係なく楽しくわくわくするかが大切。行動は未来を変える。だから行動のアクセルかブレーキなのか、どちらの感情が先に立っても思考をコントロールして行動を起こすのだ。行動しながら迷えばいい。その迷いは、悩みに変わるけれど行動すれば解消できる悩みか、解消できない悩みかを判断できるよ。

自分でコントロールできない相手の身体的特徴や思考的感情や心情に対して悩んでも、未来は開けないから悩みは捨ててしまう。逆に自分が行動を起こすことで解消できる悩みであれば、考えて行動して未来を開いていけるようになる。

4　ゲームと人生にお金磨き？

責任転嫁？

Yさんは自分の人生がゲームのようにいろいろあったと言います。振り返ったときに、今の人は便利なものに囲まれすぎて苦労することに耐えられない人が増えてきたと感じたそうです。

Yさんたちの時代は、頑張れば頑張った分、右肩上がりでよくなったので、ほとんどの人が野心を抱いていた。

だけど、ものはなく便利は生み出さないといけなかったから、必死に苦しいことを乗り越えざるを得なかった。

だから、今の人のように無難にベルトコンベアーに乗せられたような人生を送りたがる人が増えているのは、自分や未来を駄目にする感じがあって日本の未来に危機感を持っているそうです。

何かあったら、人の責任、ものの責任、環境の責任にして自分を正当化する人が多い。自分以外の責任にして自分を正当化するとラクだけど何も面白くない。しかもごまかしているから、心の奥ではいけないこととわかっているので余計に自分へ怒りが出てきます。怒りの矛先が自分に向いていては、面白い訳がありません。

責任転嫁をしていると駄目なことはわかっているけど、自分への矢印で自分の心のバランスを崩してしまいます。だから人を攻撃する形でバランスを保とうとして文句や暴力など人に危害を加える人を生み出しかねない状況です。

最近のニュースからは、その何とも言えない自分へのフラストレーションを消化できないから起こる出来事が多いので、良い気持ちを貰えないことも多いです、とYさんは言いました。

自分の気持ちを消化できて納得いく形を取れていれば、人にも優しくできるはずです。

どんなゲーム

Yさんは、ゲームで例えてわかりやすく説明してくれました。

難しすぎるゲームの中で、禁止事項を増やしていくと、どんどん簡単になってしまい、いつの間にかつまらないゲームになってしまいました。そのゲームを遊んでみて簡単すぎて不満を持つようになります。だけど、自分でその不満を生み出していることに気づかずにいます。人間は面白いもので、簡単すぎることを繰り返していると不満が出ます。だから、小さいハードルを沢山つくって乗り越えていきながら、少しずつ成長を感じているときに充実感を感じています。

あるとき成長の踊り場にさしかかり、自分で変化を感じなくなるときがあります。そのときは、実力が貯まっているけれど、結果に結びつかない時期を繰り返します。ゲームでいうとなかなかクリアできない場面が出てきて、その面を一生懸命クリアするために努力している状況です。

ゲームだと、一生懸命クリアするために結果を求めて努力し続けて、最終的にクリアする人のほうが多いと思います。でも人生の場合に壁にぶつかったそのときに結果を求めるけれど、努力の割に結果が出ず諦めてしまって世の中上手くいかないと不満を漏らす人に変わります。ゲームだとクリアするまで諦めない人なのに、人生だとクリアするまで諦めない人を探すほうが難しくなるのは不思議だと私も思います。

ゲームだと簡単すぎて不満。頑張ってクリアも目指して成果がなくても不満にもならず、夢中で頑張り続けます。人生だと簡単すぎて満足。頑張っているけど成果が出ないと不満に思う。

わかっているゲーム

どうして違いが起こるかは、明白です。ゲームはコースがわかっているからです。先がわかるからです。だけど、人生はどこに向かっているのかわかっていないから、この行動や努力が正解かもわかりませんので怖いのです。確信的にあっているとわかればゲームと同じ気持ちでいられるのです。それを知ると、ゴールを決めている人は、現在地が問題の壁に当たって踊り場の状況で不満のトンネルの中にいることを自覚できます。だから、不満のトンネルを抜けるために行動をし続けていけて飛躍的に結果が出て伸びていく時期もわかります。その体験を持った人は、成功体験の刷り込みができるので我慢という耐性の後に結果が付いてくることを学び、不満を持つ前に工夫や改善を考えるようになります。いかなる不満のトンネルの中でも結果を出すために行動し続けられるようになると、自分の不満を人への攻撃で消化することはなくなります。

人生をゲームに例えて、スタートしましょう。まず始まりは、ゴールを設定します。どうするとゲームを進められるのか良い人生になるかコース設定しましょう。そしてゲームを進めていくと、どこにどんな障害があるのかを予測して、知らないといけないことやアドバイスをその都度良いタイミングで人に聞き、その通りに動かしたらクリアできるゲームと設定すればよいだけです。あなたは1人しかいなくて倒されない主人公です。すべてあなたがつくってわかっているゲームになります。そのゲームをしていけば、壁があっても必ず乗り越えられるようにできているゲームです。そんな自分でつくった人生のゲームをあなたは楽しめていますか。あなたは楽しめてないですか。

現代は、他人につくらせたゲームの中を遊んでいるから不満だらけになります。そして、ゲームとして自分の人生を進めている人が少ないことを不思議とYさんは思っています。

刺激的で楽しいゲームは途中過程が全てわからないけど予測は付けられます。進めていって、失敗しながら改善していって攻略のパターンを知り、その繰り返しで乗り越えていくから最後に面白かったとなる。何が起こりどうなっていくのかわからないけど、ゴールは決まっているから楽しいゲームだったと言えます。人生をゲームと同じように考えればよいのに…。

耐性と修行

すべて起こったことを自分の責任として受け止めて、対処していくと力がついて対応力ができてきます。その対応力があるから失敗も成功の糧になります。経験を積むから考えられるようになり、工夫できるようになり、より良くしていこうと思えるようになる。

問題から逃げたり代わりに誰かが傍にいて、問題解決をしてもらうことで自分の経験せずに、どんどん失敗の怖さから離れていって最終的に自分で行動するのが怖くなります。

そんな、失敗の怖さや耐性を持たなくなった人には、Yさんは、お金磨きが良いと思ったそうです。お金磨きを沢山することで見えることが沢山あるとよ。1人1000枚の10円玉と1000枚の5円玉を磨いて修行していればわかることが沢山あった。だからしたほうがよいと思う。

実際Yさんも磨いてみると思うことがたくさんあったようで、今の人にお金磨きを経験させたいと思っているようでした。

綺麗に磨いたコインをお釣りとして渡すお店が増えると、もっと気づく人がいっぱい出てくると思う。もしくは、お店のお釣りを綺麗にする職業をつくったら面白いと言っておりました。

実際にお金を磨いて綺麗にして価値を付けてお金を売ることも法律的には可能だそうです。

5円を100円で売る商売などよいですね。金運が付くお賽銭として売れそうに感じるのは私だけでしょうか。

5　お金磨きによるリセット

気持ちのリセット

お金を綺麗にすることは、色々なことにつながった話をしてきましたが、一番は気持ちのリセットにつながります。気持ちの区切りをつけるリセットを私は感じました。

例えば、1日の終わりにシャワーを浴びてお風呂に入ることでリフレッシュできます。気持ち良いですよね。

そのあと心地良い時間を寝るまでに過ごしていると、寝つきが自然と良くなります。

そんな充実している時間を持つと心も細胞も綺麗になっていきます。

1つひとつが気持ちの区切りになることで充実を感じて活性化していきます。

お金磨きは、コインの区切りをつけています。

積年の人の想いを綺麗に浄化している感じです。

コインには気持があるのかないのかわかりませんが、人間には、心と体があります。

それぞれに区切りというリセットを設けて、心と体のメンテナンスをしっかり行うことが大切だと、私は思っています。

心と体の癒し方法

心と体は密接につながっていて、それを裏づける実験がありました。

それは、運動で疲労したときの体の負担とストレスで疲労したときの体の負担が、症状としては全く同じ症状を引き起こすという実験でした。

2人の人の疲労度は同じでも、症状が違います。

1人は、疲労度の感覚は低いですが、実際は重度の疲労を蓄積している方。

もう1人は、疲労度の感覚は高いのですが、実際は軽度の疲労を蓄積している方。

最初の方は、肉体疲労が高いのですが、心の充足感により疲労蓄積をカバーできてしまい、実際に自分では自覚症状が少ない方です。

2人目の方は、肉体的疲労は低いのですが、心の充足感が非常に低いので、精神的負担が実際の体に症状として疲労を引き起こしています。

原因は全く違っているのに、症状は一緒でした。不思議なことに精神的に疲労を感じている人のほうが肉体の疲れをより重く感じている場合が大きい結果でした。

そして、それぞれの疲れの蓄積を解消するには、自分が「肉体的な疲労蓄積」か「心理的な疲労蓄積」かによってリセットの仕方を変えないと、疲労を払拭できないという事実があります。

肉体的疲労の蓄積の場合は、マッサージや温泉など体を休めることをしながら、心のやる気も抑えて睡眠を摂ったりして休めることをすると区切りになります。

体の休みが必要なのに運動などのアクティビティを選択して体を動かして疲労をより悪化させる事態にしないように気を付けましょう。

精神的疲労の蓄積は、旅行やスポーツなどアクティブに動いて心に充足感を注入してあげることをすると区切りになります。

人間の疲れのリセットは、疲労の正体を掴んで、それに合った手順で行わないと余計に悪くなるそうです。物事には結果を出すために原因を知り、しっかりした手順を踏んでいかないと結果が出ないことが多いです。

食べる順序やトレーニングの順序により結果が変わるようにリセットの仕方も考えないといけません。現代にはほかにも、パソコンや携帯、スマホなど磁気や波動の出る機器に触れている時間が長く、電磁波の影響で、人間の生活サイクルを狂わされることによって疲れている場合もあります。

お金を磨くリセットも手順により綺麗になるやり方やそのあとの持続も変わります。

実際に、お金を磨くとき液体に漬け過ぎたり、磨きの途中過程で放置する時間ができてしまうと酸化が進み、綺麗にしているはずが逆に落ちない汚れを付ける結果になる場合があります。

すべてにおいて結果を出すには、方法と手順が大切だと私は知りました。

第六章　事例から学ぶお金磨きとは

1　結婚

仲介で…

お客様Aさんは、結婚はしたいと思っていましたが、なかなか良い方と巡り逢えていませんでした。街コンや合コンに行って行動は起こしていましたが、なかなかその後にお付き合いが始まったり続いたりとすることはありませんでした。

私の美容室で、お金磨きを始めて2年位経った頃に、その方の男の友人で昔からの知り合いの方がいました。その男性は結婚されていて職場に奥様もいたので、ご夫婦とも知っていて家族ぐるみのお付き合いをしていたとのことです。その家族が突然離婚をすることになりました。

その経緯は昔からの知り合いなので、理由も聞いていたそうです。夫婦の間で価値観のズレが原因で溝が深くなり離婚に至ったそうです。離婚の際に女性の考え方を男性にお伝えしたり、奥様とも知り合いなので間に入って事情を聴くなどして何とか仲を取り持とうと協力したそうです。

なので、その男性とも話す機会が増えていきました。元々、昔からの知り合いなので、お互いの男性遍歴や女性遍歴であったり、付き合った異性の悩みを話し合ったり、お互いの恋愛について奥様よりも知っていたそうです。

気づき

結局、間に入って仲を取り持とうと協力しましたが、努力むなしく離婚したそうです。

離婚してからも昔からの友人として普通に男性とお付き合いを続けていましたが、あるときに深い話をして、お互いがお互いを一番知っていたことに気づいたそうです。そして、お互いに恋愛対象として意識し始めました。男性は、離婚を経験したのでもう失敗はしたくないとのことで結婚は考えていませんでした。ですが、Ａさんは、結婚をしたかったと言います。

そして話し合いの結果、結婚することになりました。今では、頑張って婚活をしていたのが嘘のように自然な感じの雰囲気です。やはり、婚活をしていた頃は、他人の評価が気になり、着飾っていたので変な力が入っていてバランスが悪かったのか魅力に欠けていた気がします。

今のほうが自然な彼女のままなので、バランスが良く魅力的に感じます。内側から出る魅力は自然な自分でいることで光を放つ気がします。結婚する前に５円玉を両替してお参りに行くことをすすめたことがありました。それを実行してから流れができたと言っていました。本人は、１度は諦めたと言っていたので、変な力が抜けて魅力が伝わり、自然に付き合い始めて原点の自然な存在に気づき、幸せを手に入れる流れになっていったそうです。子供はどうするの？　と尋ねたところ、授かりものであって命の危険も伴うので、２人で幸せに暮らして行くそうです。

いつまでもお幸せに・・・・！

2　離婚

きっかけ

お客様Bさんは、カシュカシュに初めて来店したときは、夫婦生活が破たんした最悪のときだったそうです。旦那さんとは、職場結婚して20年間が経っていました。

子供は授からず夫婦2人で仲良くしていたそうです。ですが、いつの間にか2人の生活はお互いの生活サイクルのちょっとした違いと話す機会が少なくなっていくことで、小さいすれ違いがだんだんと積もっていたそうです。結婚生活において、子供やペットが加わっていれば緩衝材として話す機会も増え、すれ違いを埋める話し合いもできたと思います。

1対1の生活になると深々と積もっていくお互いへの不満が2人の距離と溝を広げていって、最終的に結婚生活の終わりを迎えたときの来店だったそうです。

マイナスのマインド

その時期は、家でも仕事場でも、起こった出来事に対してすべて受け取り方がマイナスだったので、起こったた出来事すべてがBさんを不幸にするようなことが周りで起こると思っていたそうです。仕事でトラブルがあれば、なんで私に…、街を歩いているだけでどうして私だけ孤独なのか…、笑顔でいる方を見ると自分を笑っているのではないか？　と受け取り方がすべてマイナスでしたので、不幸がやって来ても当たり前の状況をつくっていました。

御来店のときはそんな心理状態だったようですが、、私の美容室には自己啓発的な本をたくさん置いているので、その中の1冊にBさんの心に響く言葉があり、それが最高の出会いになったそうです。その言葉だけでも生まれ変わったかのように顔が晴々していましたが、その帰りのお釣りが綺麗に磨かれていることに偉く感動できるくらいマインドが変わっていました。

変化

それからは、受け取り方が変わっていったようです。そうすると人に対する態度に変化が生まれ、笑顔が増えたので、対応する相手の態度も変わり、同じ出来事でも全然違った印象として受け取れるようになっていったようです。

そして前向きに物事をとらえられるようになっていたので、ある御来店のときには別居を始めていたと告白してくれました。そして夫婦生活をBさんが家を出る形で離れて暮らしていることも話してくれました。

家を出る前には離婚届に、お互い同意のハンを押して後は出すだけの状況で旦那さんに渡してあったそうです。そして、離婚届は、すでにそのとき提出されていたと思っていたみたいです。

それから月日も経っていましたが、まだ提出されていない事実が判明したとのことで、来店時にその経緯の話をしていただき、「次回の来店のときには進展しているとよいですねぇ」という会話を交わして帰られました。

その翌日に、突然離婚届の提出があったというお知らせが届いたそうです。散々待たされていた出来事がすーっと氷が解けるように終わりました。そしてBさんの新しいときが刻まれ始めて運が流れ始めたようです。本当に不思議だけれど、来店してからは、元気をもらえて運気が上がっていったのでビックリしていますと報告されました。

今は新しい恋に期待はしていなかったけれど、求められることが増えて来て、未来が楽しみという出来事もありました。と報告を受けています。

趣味のバンド活動も再開して知り合う人たちの種類も変わってたのしそうです。何よりもBさんに笑顔が増えてました。仕事に趣味と精力的に取り組むことで受け取り方が変化して周囲からの印象や対応も変わったそうです。おまけに昇進の話や人も集まるようになったそうです。

綺麗なコインと前向きな本で私の運気がすごく変わったと、感謝をいただきましたが彼女自身が起こした行動の結果で良運を招いているので、私たちはサポートやキッカケをつくっただけです。

ありがとうございます。お幸せに・・・！

3　出産

質問

お客様Cさんの話です。

ずっと妊活をしていたらしいのですが、なかなか子宝に恵まれずにいたらしいのです。

子供は授かりものなので、いつかできたらよいと思っていたそうです。でも年齢が30代を終えそうになってからは、焦り始めました。そんな時期に御来店いただきました。

お話を伺うと仕事が忙しくて不規則な状態の生活パターンで体調を整えることができない状況だと言っていました。仕事と妊活を同時進行でがんばっていたけれど、母体の環境が整っていないので無理だと思った私は、1回仕事を休まれてはいかがかと提案しました。

彼女の答えは、「私がいないと仕事が進まないから、わかっているけど休めない」と返されました。

それ以上は、提案するのは止めようと思っていましたが、心の奥の声を聞いてあげたほうがよいと思い質問しました。

「このまま環境に流されて、母子共に負担のかかる状況での妊娠か、もしかしたら子供ができない未来か、子供と一緒に遊ぶ未来をつくるか、今はいろんな選択ができますよね」

「でも20年後の自分がこれで良かったと、後悔しない選択はどれですか?」と質問しました。別に答えは求めていなかったのでその質問で終わりました。

すぐ始める

そのときの会計時に綺麗な5円玉へ両替して、帰りにお参りして帰られたよいと提案しました。その後は、期間が空きましたが、再来店して下さったときに、あのときの質問を考えて、あの後すぐお参りに行って仕事を休んだそうです。そして、気分転換の旅行をご夫婦でしたそうです。そして妊活を始めようと思っていたら、妊娠がわかったみたいです。

来店の間隔が開いたのは、つわりが酷くてずっと座っていられなかったためで、つわりの時期も過ぎて気持ち悪さが治まったので、来店いただけたとのことでした。

その後、母子ともに無事で元気な赤ちゃんを出産しました。それも珍しいくらい安産だったそうです。

現在は、旦那さんの転勤で引っ越しされましたが、あのときの質問で、今があります。ありがとうございますという嬉しい声をいただきました。

実際は、本人がお参りに行ったり、決断して休みを取ったり、行動されたのは本人でしたが、一助を担えたことを嬉しく思っています。お幸せに!

4　就活

反対の目線

お客様Dさんの話です。

大学に入学した頃から来ていただている大学生のDさんも、もう就活という時期の話です。写真を撮りに行くのでカットをしに御来店いただきました。その帰りに5円玉を両替して、お参りに行くことをおすすめしました。そして、そのときは、どんな職種を目指しているのかなど就職に関しての話を伺いました。

また、別の来店のときは、面接の前に印象を良くするためのカットをしました。

そのときは、就活にどんな準備をしているのかを尋ねました。色々な準備をしてエントリーシートの書き方も気を付けて、面接時の受け答えをシミュレーションしたりと、就職する側の目線で努力できることをたくさん行っていました。就活ってそんなに頑張ることがあるのだと思いました。だけど、とても大切な視点がなかったので、質問しました。

「採用する側の目線って考えたことある？」

「例えば、自分が会社社長で、どんな社員が欲しい？」

「その社員の条件に自分が当てはまっているのかなぁ？」と質問したところ、考えても見ない目線だったらしく「今までの戦略を練り直しますと」言って帰っていきました。

合格

その後、再来店してくれたときに「あのときの質問のおかげで1社内定が決まりました」と報告してくれました。でもそこは、面接の練習で受けたところに内定をもらったそうです。そして、本命の会社の面接の前にカットに来たとのことです。

すごく緊張していたので、「練習と同じテンションのまま練習のつもりで受けに行けば」とアドバイスを送りました。面接で入社の本気度を聞かれたときに、どんな返しをしたらよいか迷っていたので、「早朝に出勤する社員の顔を見に行ってきて、（社員の顔を実際見た感想…）それで、そんな会社で働きたいです」と伝えれば、「そんな朝から見に来るほどの情熱を持った人物という印象を伝えればいいんじゃない」とアドバイスもしました。それを実践したみたいで事実を言えばよかったから安心できて練習どおり面接を受けられたそうです。その後、内定通知をいただいたのは、言うまでもありません。あくまでも本人の努力の賜物なので縁起を担ぐ意味で5円玉を渡しています。

効果はわかりませんが、良い結果を引き寄せている傾向はあるようです。

これから頑張れ、新社会人！

5　仕事

習慣

お客様のEさんの話です。縁起を担ぐEさんは、契約の前にカットで来店されるお客様でした。最初は、何気なくカフェみたいな美容室で珍しいから入ってみたという理由で来店されました。そのときに、前向きな自己啓発系の本を手にして、「こんな本を置いてあるのはめずらしいですね」と言って読んでいました。カットが終わると同時に読み終えて、「ためになって髪もスッキリしたからまた来ます」と喜んで帰られました。2度目の御来店のときは、契約の前に来られました。

そのときに、お金を磨いている話をしたら、帰り際に「両替してもらってよいですか」と言われたので快く両替をしました。その際に、神田明神が近いので商売の神様にお参りしてから行かれてはいかがですか、と提案しました。そして、Eさんは実行したのです。その行動をしたからなのか契約を取れたようです。それからは、毎回契約の前に来られて両替して神田明神にお参りして、その後に交渉に向かうと上手くいくそうです。でも、そんな運任せの行動だけでなくノートを付けてお客様の要望や改善など常にメモして、お客様のことを第1に考えて行動しているEさんの頑張りがあって結果を引き寄せています。一助を担えているかな…。

6　お金と終活　おふくろの話

発覚

これは私が経験した母の話です。

お金磨きは、幸運だったなどの話が多くなりがちですが、私の母が亡くなるという、避けて通れない、つらい出来事も起きました。その出来事の中でも不思議と上手くいく流れを感じました。

私の母は5年前から癌を患っていて、徐々に彼女の体を癌が蝕んでいき、２０１５年の春に亡くなりました。

お金磨きをしていても、不幸と思えることも起こりますが、亡くなるまでに起こった出来事は運が良かったのかもしれません。

お金磨きを始める少し前に、母に異変が起きました。そのときは糖尿病と診断されていましたが、その血糖値の変化は、後々に母が言うには、すい臓癌の始まりだったのではと言っていました。

それから1年後にがんの宣告を受けて、3年後の２０１５年に亡くなりました。

何年にも渡って闘病していましたが、寝たきりではなかったので、様子を頻繁に見に行ったり、孫たちを逢わせに行ったりと通っていました。

そんな感じで残りの余生を噛み締めるように過ごしていたのです。

それが、亡くなる丁度1年前でした。そんな時期に、偶然あるお客様のお母さまが前の年に亡くなっていて、その後の相続の大変さを聞ける会話になりました。

お告げ？

その内容はとても詳しくて、銀行の手続きよりも、ゆうちょ銀行のほうが大変だったという詳細な内容でした。

遺品の整理、名義変更の手続、何がどこに置かれているか、葬式、連絡する人のリストなど困ったことや問題点など詳しく聞かせていただけて、すごく勉強になり大変さを知ることができました。

その話を聞いた私は、すぐに母に連絡を取り話の内容を説明しました。まだ元気な母にお客様からこんな話を聞いたからこれとこれの準備をお願いね、と率直に伝えました。

母は、自分が旅立った後の処理が大変なことを知り、積極的に始めてくれたのです。この終活行動は、残される身内にとって、とても優しい行動だと亡くなった今だから思います。

よく死ぬ話なんかするなと喧嘩になったりする場合もありますが、残される身内のことを想っているならぜひ積極的に自分の死後の手続の話や、行って欲しい想いを伝えておくことはすごく重要だと思います。それが、身内を二分するような争族の回避になるからです。

そんな準備を進めていると自然に母は、今までの人生を振り返り始めました。

私はこんな人生を歩んできたと、母の人生について詳しく話ができました。

母が小さい頃の話。私が生まれた頃の話。旅行が好きで海外旅行によく出かけた思い出話。

それは、マチュピチュ。エジプト。リオのカーニバル。カッパドキア。など思い出に残った旅行の話で私にも見に行ったほうが良いとアドバイスをしてくれました。

今回、病気になってしまいましたが、年齢的に後期高齢者になったタイミングであり、さらに昔に契約した保険に入っているから内容が手厚い支給内容だったので一切お金の心配がいらない安心の話もしました。この経済的に心配がない状態は、今までお金には厳しかった母には信じられないくらい執着のない仏様のような笑顔を見せて話してくれました。

自分が旅立ってからの後始末の話など、彼女の想いをたくさん話せました。

最大の親孝行

母の中で一番うれしかったことは、私が美容室を経営して家族を養い、孫も3人見せてくれた自慢の息子という私に対しての心残りが何もなく安心できたことだったそうです。

だから、孫たちが良い子でいられるように育てて欲しいという願いを託されました。

人生の最後にお金の心配がいらなかった。やりたいことをやって、行きたいところにも行った。

人に迷惑をかけないでいられた。そして母は人生を謳歌して旅立ちました。心残りがない満足した人生を過ごせて、「彼女が私の母で良かった」と心から思っています。

その母からは、２つのことを託されていました。

１つは、子供達のことです。

２つ目は、母からお世話になった親戚とその子供達に形見分けとしてお金を配って欲しいとの遺言でした。総額３００万円のお金の配分まで決められていました。

これは、お金磨きをして価値観が変わっていた時期だったので、預かっている感覚でいられました。もしお金磨きをしていなかったら母が生きている間は預かっていて亡くなったら、相続して私が貰っていたでしょう。でも、この頃には、お金についての価値観が変わっていたので、預かっているものは母のお金であり、想いのバトンであり、自分のお金ではありません。母の意思を引き継いで彼女ができなかった感謝を伝えることが重要だと思いました。

母が生きていても死んだ後でも意思を引き継ぐことが母への供養と私の正解だと思っています。

これは、人が私をどう見るかの行動よりも彼女の意志を引き継いで伝えることに通じています。

これも、お金磨きをして得た価値観を授かった状態であり、タイミングよくお客様より相続の手続き話を聞けたことでスムーズに行えた行動でした。

彼女の死後３週間にはすべての手続を終え、仕事の環境にも影響なかったことは、本当に周りの方々に感謝しております。ありがとうございました。

不思議と必要な話がやって来て、準備ができて、その後の始末の仕方も話し合えました。

不思議

これらは、ほんの一例になります。このようにお金磨きをしたからなのかわかりませんが、お客様に訪れる幸せなど幸運が舞い降りている方がいる一方で、不幸に思える出来事が後に自分の変化の転換期になっていたり、不思議な流れに身を任すことで、収まり良い結果を得られるなど、良い変化を感じられる方が多いのは不思議に思います。

目には見えませんが、不思議なつながりと絡み合いの流れの中で生きていることを実感させられることが起きています。

お金磨きという美容に一切関係がなく、一見無駄に思えることを提供しているようでも、すべては深いところでつながって影響しあっているのでしょう。そのように考えないと不思議な流れや出来事の説明がつきません。ただ、これらの事例はお金磨きだけの要因ではなく、そのきっかけをそれぞれの人が自分なりに良い習慣にして努力しているという事実があります。

そこにちょっとした一助としての役割でお金磨きがあり、綺麗なお賽銭に力が加わり、上手く流れて起こった現象でしょう。

第七章　お金磨きで運を引き寄せる

1　深いつながり

最短距離と最長距離

お金磨きは友人の心理カウンセラーから教えていただき、それを行動して、続けて、提供して、つながり、深く掘り下げられ、いろいろな大切なことの基本に重なる法則を教えていただくことにもなりました。

最初は、お金を磨くだけでしかない行為でしたが、今にしてみれば、それにも意味がありました。物事のキッカケはひょんなことから始まります。でも、止めずに行動を続けることで新しい可能性や方向性が生まれます。経験や行動に無意味ということは絶対ないと言い切れる体験を私自身がしています。

成功などは、短期間に誰もが成し遂げたいですが、成功までの道のりはとても大切です。

努力の仕方は目標や夢や希望を叶えるのに非常に重要だと思います。その方向性によって成功に向かう最短距離で行けるのか最長距離で辿り着くのか違ってきます。行きたい方向に行くには努力していることが現在地から目標や夢や希望とつながっていて方向が合っているかが大切です。

でも、最短距離での成功でない場合は、どの方向に向かっている努力なのか道を辿りつつ修正、修正をして、更に経験を積み重ねて、よりたくましく最長距離での成功につながっています。

お金磨きを始めて綺麗にするまでに結構な種類の液体と歯磨き粉を使いましたが、経験したから見つけられました。昔はサンポールをかけただけで嬉しかった何気ない思い出まで甦りました。もしかしたら、あのときから今に至るまでつながっていたのかもしれません。

これもお金を磨き続けてお釣りとして渡していたからYさんとつながり、金運の話を聞けるところにつながりました。そして金運の使い方を教わり私の考え方が変わります。

何気ない日常の行動が何処につながっているのかはわかりませんが、すべてのことは絡み合ってつながって未来をつくる材料になっています。だから今悩んでいても、最悪の事態でもこれが未来をつくる材料であったり、未来に思い出の笑い話にできるようになっていく1つの経験をしています。もしくは、他者にこんな失敗はしないようにという教訓の話の経験でもあります。

だから、今が、挫けそうな状況でも乗り越えてください。歯を食いしばって頑張ってください。逃げてもいいんです。未来をつくる経験ですから。

人間の欲求

お金磨き1つで、こんなに深いことに気づいていくとは思ってもみませんでした。そして知らないうちに、人は人に反応を求めています。返答の法則に隠れた人間の最大欲求を自覚しました。

人間は1人では生きていけない理由にも通じています。誰かに気づいて欲しくて誰かにわかって欲しくて、承認してくれるだけで自分の存在を認められる欲求、それが人間の最大の喜びの承認欲求です。だから、お金を磨いて渡したときの驚いた顔や嬉しい気持ちをつくれることが楽しかったし嬉しかったのです。相手がいて反応があって自分が承認されたからでしょう。

本能には3つの欲求があります。食欲・性欲・睡眠欲と知られていますが、人間としての存在意義を持った欲求という人間として生まれてきて最高の喜びの中で最高位にあるのが承認欲求なのです。その深さに気づけたのも磨き続けてきた結果です。

商売繁盛のコツ

人間の欲求と心理がわかれば、商売をしたときに自分がされて嬉しいことを提供していくことで上手くいくことがわかります。

誰でも、承認して欲しいのであればお客様を承認すればよいのです。そして扱うものやサービスは、お客様の幸せに一役買うもの・事・サービス・情報・などを提供してあげれば良いだけです。

そうしていれば人や社会に貢献しているのでお金が集まってきます。集まったお金でまた貢献して行く流れをつくることで上手くいきます。

ですから、商売は正しく誠実に行うことが大切です。しかし最近では後からついてくるはずのお金が全面に出てきて、お金を得るためにどうするかという流れになっているからおかしくなってきています。お客様の幸せに一役買うではなくて、自分にお金が入ってくるもの・事・サービス・情報・などを提供しているから逆にお金が離れていくことになります。入ってきたとしても一時的になってしまいます。

だから感謝がなくて、いつの間にか当たり前が前提となってしまうから、たちまちお金が離れていく流れになるのでしょう。その流れをつくらないようにリセットできる、時間をつくることが大切です。

あくまで商売をした時に自分がされて嬉しいことを提供すること。

お客様を承認する。

お客様の幸せに一役買うもの・事・サービス・情報・などを提供すること。

この4つについて時間をつくって感謝を持って、未来の夢や目標として貢献できているか確認出来る時間をあえてつくることが必要です。

「時間と集中」により常に現状に感謝して、方向性を確認して努力を続ける。それが自然にできている人から成功して行くのだと思います。お金もそうですが、時間も貧乏ですと整理もできなくなります。そうすると自分が何をしたいのか判らないまま流されてしまいます。

お金を磨くだけで、お金に対する考えや時間に対する考えも変わるとは、思っていませんでしたが、考え続ける時間ができて、その話をする機会があって人との関わりをもってきたから今があります。

お金を磨いて私に起こった変化は、外見や環境や運ではなくて、このような考え方に至ったので自分の行動を自分でコントロールできるようになったことです。

そして物事はすべて、自分の考え方次第で自分の行動や発言が変わって、それらが未来をつくる1つひとつの材料になります。今現在も良い未来をつくるための材料をつくっている最中です。

それは、その都度状況は変わり、心も変わりますが唯一変わらないことは良くなるために行動を続けていることです。

人間の行動は常に良くありたい状況をつくりたいので行動しています。

その行動には、感情や理由が加わります。深いところでは「幸せ」という願いを叶えるための結果で行動しています。

お金を磨くことで人間の深い根底の部分の理由に触れることができました。

人間は皆一緒でそれぞれにそれぞれの理由があって、その幸せを叶える方法が違っています。

しかし、誰もがしあわせでいたいと思いますので、上手いつながりでそれぞれが幸せを掴めるようになりたいです。

2　役割であり未来へ

イメージ

お金磨きは、お金のイメージを変えました。イメージは、人の考え方そのものです。

人は自分の経験の中にあるお金との関わり方でお金のイメージをつくっています。

人間やＣＭに対してもすべてイメージによって、自分の想像で「これはこんな感じ」とイメージをつくり上げて当てはめます。だから、実際に使ってみたり、付き合ってみたり、体験してイメージとの違いがあったときは、あなたが勝手につくったイメージとの差を、あなたが勝手に評価して喜怒哀楽を感じています。

このような考え方は、ほとんどの方が毎日行っていて、起こった出来事や出会った人に対して、「そんな人だとは思ってもみなかった」「全然違う」などの違いに喜怒哀楽を起こしています。

これは世の中にあるトラブルの原因でもありますし、絆の深まりや信頼につながりもします。

人は、イメージでしか生きてないと言っても間違っていない気がします。

お金に関してのイメージも、あなたの経験で印象づいています。あなたの経験がお金に苦労していれば、トラブルの元であり不幸になる元というイメージが付きます。

お金に恵まれていれば、お金はあなたの人生を良くするためにあるので、幸せなイメージになります。

同じお金という存在ですが、あなたの経験で見方が変わります。そして人に対してもイメージでお金持ちは・・・、貧乏人は・・・となっているかもしれません。

良くも悪くも思うのは勝手ですが、お金自体は何ら幸せでも不幸でもないことを知りましょう。

事実は1つ、見方は人の数だけさまざまにあります。だから、お金を使う人によってイメージは変わります。

世の中の経済は、お金が循環しています。その循環の中で多くのお金を持てるのか、少ないお金を持つのかという考え方に飲み込まれて経済の要素となってしまっています。

だから人は、自分の時間をお金に変えるように働きます。この働き方にもイメージが付きまといます。

例えると、苦労しないとお金持ちになれないイメージです。

苦労は自分で感じる事実であって、人から見て決まるものではありません。

たいがい頑張っている人ほど夢中で組織が出来上がってしまい、その後に結果的にお金が入ってくるシステムという流れが自然と出来上がるから、本人は苦労した体感はないけど、苦労していたと傍から見たイメージをもたれます。

仕事と稼ぎ

すべての仕事は、社会貢献になっています。人の役に立っていることが仕事になっているはずだからです。誰かが困っていてそれを解決するために仕事は存在しています。

ですから水道管を直す人がいてくれるおかげで、蛇口を捻るだけで水が出ます。電気を供給するために電線をメンテナンスしてくれる仕事があるから、電源を入れるだけで電子機器を使えるようになっています。今の便利さは、誰かが支えてくれているから成り立っています。

困っている人を助けるために仕事ができ上がっているということです。それらの仕事が絡み合って支え合うことで社会は成り立っています。1つひとつの仕事はそれぞれが重要で他には替えがきかないのに、その稼ぎの大きさだけを比べられてしまっています。

仕事に関していえば、短い時間でたくさんお金を稼げることが賞賛され、地味で目立たなく本当に根幹をなす仕事は、時間に対しての稼ぎが少ないので敬遠されがちになっています。

そして全員が避けたときに支える人がいなくなり、すべての人が困ることになります。そんなお陰様の仕事の大切さと稼ぎの大きさのバランスが悪くなっています。

お金磨きはそのバランスの悪さを気づかせてくれて感謝の気持ちを忘れずに考える時間をつくれます。お金は、関わった全ての人に愛されて、惜しまれて流れていきます。

人間がしている仕事も同じように愛されて、惜しまれて終わらないようにしたいものです。

仕事と価値と役割

仕事は関わった全ての人を助けているけれど、知られていることが少ないし、携わっている方でさえも、その意義を持って従事している人が少ないです。

1つひとつの仕事には誰かの人生も詰まっています。時間は生きている間ですから命そのものです。だから仕事をしていることは、人のために生きていることになります。それなのに見合った価値も還元されていないのが仕事になっている気がします。でも、長い歴史の中で、功績を残した方には価値の還元はなかったかもしれませんが、その方の子孫には運を与えていることになります。ご先祖様として次世代に運のバトンを受け継いでいくことをしています。だから、どんな形でも報われない訳ではありません。例え自分に返ってこなくても次世代に紡がれていきます。だから運が良い人は社会にまた還元していく役割を持ちます。運の悪いと思われる方は、何かしらの償いが現れているのかもしれません。もしくは、人の不幸を請け負って運の良い人を助けている役割を持っているかもしれません。いろんな形で仕事があり、いろんな形で生きて、いろんな形で運という役割を授かり、いろんな形で流していく。そして、感謝の想いを届けるためにお参りにも行きます。

第2章は、今を生きている自分は、長い歴史のすべての絡み合いからできていて自分の役割を全うするために時間という命を使って次世代にバトンを渡していくことを書いています。

お金磨きをしながら、その想いに気づく時間をつくってください。

3　もっとも大切なこと

神と商い

第3章は、昔からの商いに関して重要な話をまとめています。

現在では、省略されてしまっている事でも本当は基本を育てていくには必要なことをまとめていました。

日本には昔からどんな所にも神様が宿る、「八百万の神の国」として今日まで来ていますが、大部分の方には教えのつながりがされていないから忘れ去られて来ています。なので、自分以外にも常に神様が、自分の行いを見ている感覚が薄くなり人をだましたり欺いたりすることが平気になってきている気がします。

元々日本人は、自分の行いは自分だけでなく神様も見ているから誰も見ていなくても良心が働き良い行いをする人が多かったので、秩序が保たれていました。それが、正しい商いの精神にも生きていたので日本の企業は老舗と呼ばれるお店や会社が続いています。

現に今でも日本は古くから存続している会社の数が世界一を誇っています。これだけ長く商いを行っている国は、ありません。

それは、ひとえに、自分の行いは自分だけでなく神様も見ているから誰も見ていなくても良心を持って誠実な行動をとってきたからです。ですが、ここ最近の商いは様変わりしています。目新しさと話題性に乗ったものやサービスが流行っては廃れて変わりいつの間にか会社の存続の長さは、短くなってきています。

そして昔の制度としてあった丁稚奉公なる人格の修行期間もなくなってきました。

現代は、技術だけ覚えてコツの掴み方など上手ければ良いような感じに変わってしまっています。ですが、昔の丁稚奉公のように技術の前に、精神を鍛えて人格をつくってから技術を身に付けるという順番が大切です。

人格形成

ここで例え話をしましょう。

ある2人のお金持ちがいます。2人とも同じ技術を持っています。お金も持っています。でも1人前になるまでの工程が唯一違っています。

1人は、技術だけ覚えて良い腕があれば稼げると思い頑張って手に職を付けました。

もう1人は、技術の前に、人格を学ばないと技術も生きないし稼いだお金を持っても人の役に立たないという考えを持った一流の師匠に弟子入りして心と技術を学びました。

そして、お互い技術を使って稼げるようになりお金持ちになりました。

そうしたときに、1人は自分で稼いだお金を自分の好きなように使っています。自分で苦労して身に付けて稼いだお金だから何にどう使おうが自分の自由です。と考えています。もう1人は、自分で稼いだお金ですが、人様の役に立てた結果でお金持ちになれたので、人の役に立つように使おうと考えています。こうしてお金持ちになれたのは、いろいろな方のおかげで今の自分があります。

ですから、自分を育ててくれたように次世代の子のためにお金を使おうと自分の子供の経験や体験に使っています。

どちらのほうと比べることもないほど人格形成が必要なことだと思います。

別に丁稚奉公を復活させて苦労をする必要はありません。しかし、心を育てて自分をコントロールして自分の存在の意義を活かせるように考えたり、困難に我慢できるようになる修行期間は必要だと思います。そんな期間が少なくなっていると思っています。

誠実

今、学校教育現場の掃除や礼儀を世界中が注目していることはご存知でしょうか。

公文も世界に発信され広がりました。世界は日本の礼儀正しさや子供の心の教育のために学校教育現場の掃除を取り入れようとしています。世界に先駆けて良い習慣を実践していたのに日本人がその本質を忘れ、日本人としての誠実さを忘れかけています。それでは、社会人としての心構えや人格が出来上がるはずもありません。

なので、ストレスにも耐えられなく、すぐ諦めることになります。相手への配慮に欠けた行動もしてしまうのでしょう。

「子供は、言い聞かせたようには育たず、大人が行動しているように育ちます」これが、本質です。まずお金を磨くように自分を磨き働いている大人として真似されるようになりましょう。

それが、子供の夢にもなります。

次世代へのバトンをしっかりつなげるためには私たちの行動が大切です。

日本は、昔から大切なことは日常の習慣に取り入れてきました。今こそ大人が1つひとつを丁寧に行い、意義などを見直して原点に戻るときかもしれません。

色々な道があるのも自分という存在を見つめるためにあります。勝敗だけでなく、工程や気づきや学びなど深く掘り下げて見つめ直す。

そして、人に見られるから行いを改めるのではなく、見られても見られてなくても自分と神様は知っているから誠実に正しく自分の心と行動を正していきましょう。

4　幸せの形

お金

4章は、お金磨きをしていたことによりお金に対する人間のあり方や関係性につながることを学びました。

お金は豊かな人生を送るために、経験や体験、学びをするために必要なものです。それはときに人の心を狂わしてトラブルを引き起こしてしまう場合もあり、逆にあなたを助けてくれるような働きもあります。

お金にまつわるトラブルは、往々にしてお金を返すのか、返さないのか。だましたのか。だましてないのか。など事前の説明と事後の行動の違いが大きく左右します。

誠実に対応して事前後の行動が一貫していればトラブルになりません。それと賠償金のような目には見えない心の中で起こった問題の解決のために使われます。

心情を数値へ交換したときにバランスの問題が起こります。結局、心はお金の価値に表せません。だけど心に受けた苦痛を打ち消せるようなバランスを考えてあえて数値化しているのが保険や賠償金の存在です。それは苦痛を打ち消す経験ができるようにするため、なるべく選択肢の幅があるような金額の形をとります。トラブルが起きるのは、必ず人間の感情に原因があります。

それはお金を交換したときに起こる感情により使い方が変わります。

例えば、形として残るものに変えるか、サービスを受けるか、と消費をしたときの感情を味わいたいためにお金を使って終わりのような使い方をしたときに起こっています。

これは、喜びという一瞬の感情を手に入れるためにお金を使っているから起こります。ものを買った満足感や人に自慢できる優越感などお金を使って得られる感情を味わいたいから使っていますが、一瞬の感情なので長続きしない分、何回も消費するだけの行動になるので問題が発生します。

基準が比較・基準が自分

感情は、比較という違いを求めているのでトラブルが生まれます。比較は差別と一緒です。差をつけて優位に立ちたいから比較をしたくなります。使い方を変えて、差をつけて違いを価値にして、お金を生み出す使い方になっていくとトラブルどころか幸せを生む形に変えられます。

消費をして一瞬の感情を手に入れたい人はお金の奴隷となってしまう方が多いです。そのような人は、基準を自分に置いていない人が多いです。他人や物の値段などに置かれているので、他人や他人の持ち物を越えようとするためにお金が必要となってしまいます。そのためには多くのお金が必要になって、お金のために働くことをし始めます。

だから、自分の気持ちに関係なくお金を集める仕事をします。そして、苦しくなっていきます。今度は、お金を操る人になれば、基準は自分にあるので他人や持ち物などの比較のためにはお金を使いません。他人の意見よりも自分の価値で選びます。自分の心地良さを保ちつつ仕事を選びます。仕事の内容も選ぶので良い人やお金も集まりやすくなります。楽しさを持って取り組むと何でも集まりやすくなります。そんな人を見ていくと自分基準で楽しいことをしている人が多く、同じような楽しさを望む人の役に立っていることが多いです。

お金は選択肢の幅を広げる道具です。お金をたくさん持つことで楽しさの幅も増えていきます。

ステージ

すべてが上手くいきそうに感じますが、お金を沢山持つことはステージの変化が起こります。ステージの変化は、今までのお付き合いをしていた人に変化が現れます。お金を持つ人と持っていない人に関係なく付き合っていたのにステージが上がった場合は、お金を持たない人へ毎回奢るか持ってない方のステージに合わすしか選択肢がなくなります。そうしていると楽しさの半減や、我慢になりストレスを感じます。そのうちにステージの違いは溝ができてしまい疎遠となってしまいます。

別の表現をしますと、独身の方と結婚して母になる方のお付き合いの過程に似ています。

お金の状況と子供の成長過程で付き合い方に変化が起こり、お互いのステージに違いができて疎遠になります。この場合は、子育てが終わり独身のようにお金と行動に自由ができるようになると、また同じようにお付き合いが始まりますが、お金持ちと、そうでないステージの違いは妬みや羨みなどの感情が入ってしまうので疎遠となってしまう場合が多いです。

幸せの形

しかし、自分の心の中に「あるがままの人を見る」を心がけることで人間関係を築くことができます。それは、お金を使って遊ぶ楽しさよりも体を使って数値基準に関係ない所での健全な付き合いを持つことでステージに関係なく人間関係を築けます。それは、人の本質を見ることができることにもつながります。

人の幸せは、経済的自由に精神的自由ができて時間的自由を持つことを誰が見ても幸せに見えますが、一番の幸せは、その3つの自由を共有できる仲間がいて初めて究極の自由になります。面白いことに3つの自由を手に入れると不自由を求めていくことに走ります。

結局は、人間はそのときそのときに手に入っていない状況を求めることが幸せでいられる状況なのでしょう。達成しようと頑張って苦労や工夫しているときが一番幸せなのです。

お金磨きをしたことでそれぞれの立場の幸せの形に気づけるようになりました。

5　引き起こしの法則

間違い

「思考は現実化する」や「引き寄せの法則」などは知られています。

でも結構、色々な解釈が入り混じって都合よく湾曲されて伝わって、何もしなくても思っていれば叶うということが言われてしまっています。

何かドラえもんの道具のように都合よく出てくるみたいに言われていますが、何も行動を起こさずに思っているだけで叶うことはないでしょう。叶うとしたら、富士山を見て富士登頂したいと思っていれば富士登頂できるでしょうか。見知らぬ人がヘリでも飛ばして連れて行って叶えてくれる現実が起こりますか。

絶対無理ですよね。計画をして必要なものを買い揃えて、日程を決めて予約して、ペースを考えてなど。1つひとつの行動の積み重ねをしていくから登頂できる現実を迎えることができるようになります。

思っているだけでは、絵に書いた餅と一緒で何も現実として得ることはできません。

だから、「思考は現実化する」や「引き寄せの法則」には絶対的に行動が伴わなければいけません。

原動力と脱力

すべての想いの中で、本当に叶えたい目標や夢には行動の原動力というエネルギーが含まれます。一種エネルギーという理由や意義になります。それが原動力となって行動を続けることができて影響力によって引き寄せられてきますし、現実化もします。バタフライ効果の説明をした箇所がありましたが、行動力は、不確定要素の1つひとつに絡み合わさって描いた未来を現実に引き起こしてくれるようになります。

ただ、面白いもので、なんとなく成功している人がいます。運のある方のように思える人です。運も実力のうちと言われるのは、流れに乗ることも引き寄せています。引き寄せるためにガムシャラに頑張ることをしがちですが、お金磨きと一緒でやる気があって気合の入っている状況は、体を緊張させて無理な力を入れてしまいスムーズな動きができないので、なかなか結果に結び付きません。自然に脱力された状況で行動していて無理はせずに考えながら流れに身を任せている方がなぜか自然と上手くいくほうに流れていきます。

この状態をつくるのが座禅などの区切りをつける行動になります。リセットをすることで無駄な力を削って行動できるようにします。

部屋という空間で説明するとわかりやすいです。素敵な部屋にしようと色々なものを買い揃えました。そして配置しました。そのあとも素敵なものを買い揃えていきました。

でも毎回掃除のときは、ものを動かして整理整頓しないといけません。時間も手間もかかります。でも、最低限のものしか置かない部屋でしたら片づける作業自体がなくなります。これが削られた状態になります。そのほうが脱力した状態でいられるので、いろいろなことに対応もできます。人が突然訪れても喜んで招くことができます。

これをお金で言い換えることもできます。沢山のお金を持つと選択肢が増えます。もちろん興味は新しい体験に向けられます。だから今まで買えなかった美味しいものをたくさん食べるようになります。おいしいものを食べることが多くなるとカロリーが増えますが当然動く時間は変わりません。それが続くと肉付きが良くなってしまいます。

お金を持ったばっかりに不健康を手に入れる確率が増えて、お金を使って健康を取り戻そうとします。それは、お金があっても無くても必要なものだけに絞れば削られた状態でいられます。

この2つの話の中で、スペースがあるから素敵にしよう。お金があるからおいしいものを食べよう。など選択肢が増えたことからしようと思ったことが元々いらないものだったかもしれないという例です。

区切りというリセットの時間を持つということで無駄な力を削って自然に脱力された状況に置かれ行動しているけど無理はせず考えながら流れに身を任せていられる状況になり、なぜか自然と上手くいくほうに流れていくようになります。

呼吸法

自然と上手くいくほうに流れていくようにするには、1つとても重要なことがあります。

それは、呼吸法です。区切りというリセットを行うときも普段の行動するときも、感情のコントロールを身に付けるときも絶対に欠かせない要素が呼吸法です。これを意識してコントロールしているとすべてが上手く運ぶようになります。呼吸は常に自然に行われています。寝ているときにも行われています。それを意識して無理やり吸って吐いてと呼吸をしている人はいません。

この呼吸は、感情の喜怒哀楽と連動して早くも遅くもなっていることをご存知ですか。呼吸をコントロールできれば、感情もコントロールできるようになります。特に大切なことは、一番初めは息を吐いてから吸うことです。空気を吐き切ると自然と体は吸い込みます。この順番は、自然の摂理のようにすべてに通じています。

例えば、体に栄養を入れる前に体の中のデトックスを先にしてから栄養を入れます。部屋でも物は捨ててから買います。知識も行動してから吸収します。技術も真似をしてから教わります。英会話は英文を聞いてから文法を覚えます。順番はすべてスペースがあるか、スペースをつくってから、入れることになります。呼吸の乱れは心の乱れになり、心拍数に反映されます。常に感情の起伏が起きたら呼吸を整えましょう。そうするとどんな感情のときにも平常心に近づけられるようになります。引き起こしの法則もリラックスした呼吸のときに行うとより効果が出やすくなります。

6　おわりに…本書のまとめ

本書の中には、いろいろな事例や内容が寄せ鍋のように入っていてまとまりに欠けた内容に感じた方もいたと思いますので、ここにまとめてあります。

本書の題名にある、お金磨きから学んだ「引き起こしの法則」の本質は、「あなたはあなただけの役割を持ってこの世に存在している」ということにたどりついたことです。

「引き起こしの法則」の中に、あなただけが持つ7つの役割があります。

①　あなたの思考からすべてが始まります。
②　起こる事象すべてあなたに必要なことが起きています。
③　起こる事象すべて都合良くあなたは見ています。
④　すべてのことに理由があります。
⑤　決めたことは行動で叶います。
⑥　探している答えはあなたの中にあります。
⑦　すべてのことは絡み合ってバランスがとられています。

これらすべて、お金を磨き続けた結果で気づけたことです。

お金磨きをしたことによって気づき、新しい視点、考え方、価値観、起こった事例、運、方法、絡み合い、流れ、法則などいろいろな分野からのアプローチで皆さんに、お伝えしたかった内容となりました。

ここで紹介した内容は一例でしかありません。本書の出版までに詳細を十分に取材できてなかった部分も多々あり、不十分な感じになってしまったところもあり申し訳ありません。そして、因果関係もお金を磨いて渡したからそうなったとの実証もできません。だけれども、実際に幸せをつかんだ方も多く存在しますし、不幸があっても何かしらの成功の種のような転換期になったことは事実です。世の中の出来事は、自分が見たいようにしか見ていません。意識的に見なければ、イメージで見たいように見える色眼鏡をかけて見ています。良いたとえではありませんが、ストーカーがターゲットの女の子の感情を都合よく捉えている行為と、変わらないくらい見たいように見ています。イメージを相手やものに当てはめて見ています。だからこそ幸せを生む勘違いをいっぱいするほうが良いです。

どんなことも、どんなときも、良い方向に導く種でしかないとみれば、行き着く先は良かったという未来にだけなります。そんな未来をつくるためにお金磨きを続けてきて、気づいた本当に大切な基本や本質や法則などをここにまとめました。この私もいろいろ学んだ結果の現在でここに至っています。知識だけでなく実践という行動をしながら、その都度3歩進んでは2歩下がってほんの少しの進歩を確認する毎日の繰り返しです。

自分という存在を使ってご先祖様からの命のバトンやメッセージを子供やお客様に伝えつつ自分にも言い聞かせています。今の世の中の本当を知って自分らしく自然と輝く存在が増える手助けになる1冊にしたいと思っています。

お金磨きを通してここまで深く掘り下げて書けるとは思ってもみませんでした。これも協力してくれたお客様や今まで関わった方々のおかげです。天に旅立った母も見てくれていると思います。

今後も美容室を続けて参りますので、どうぞよろしくお願いいたします。

最後に

本文に登場するYさんは実際の特定のお客様ではありません。

固有のお客様を載せる訳にはいかないので、今まで出会った経営者の方々の考え方や経験をお聞きした実際の話や私が出会った方の考え方などを融合して1人のお客様としています。

自分の過去の経験や考え方も交えています。書き方を第三者のお客様と私という2人のやり取りを客観的に見てあなたに何かの気づきがあればと思っています。

どんなに学んで、どんなに知ってもその都度のステージによって問題は自分に降りかかってきます。その問題というのは、今の自分を乗り越えていくために必要なことが起こると思っています。

そして、いつもすべての出来事は、自分の都合で自分の引き起こしの法則によって自分が起こしています。それと同時に、人間は忘れる動物です。悪い記憶も良い記憶も薄れていき記憶をくっつけて都合の良いように書き換えていることをご存知でしょうか？　誰もが詳細を覚えているようで勘違いをしています。それは、人間が常に成長を感じて新しい自分に出会っているように感じるためもあります。だから、忘れないで自然に行動できるように反復練習という習慣を身に付けると誰でも成功できる体質に変わっていきます。

頑張っても報われないと思っているあなた。こんなに素晴らしいことを伝えているのに相手には通じない現実に嘆いているあなた。どうして自分のことを素直に認めてくれないのかジレンマを持っているあなた。そんなもどかしく成果や結果が出ない方に、1つの方法としてお金磨きをしながら自分の行動を振り返り見つめ直す時間をつくって自分を変えてほしいと思って書きました。

1つでも役に立つことがあったら必ず実践して続けてみてください。自分をリセットする時間を持って自分と向き合う時間をあえてつくる。仕事に追われ、育児や家事に追われ、勉強に追われ、問題に追われ、お金に追われ、と自分以外の理由で時間に追われて一番大切な自分の時間をつくれていない人にこそ読んでほしいと思っています。世の中には、たくさんの良い本があります。

「引き寄せの法則」の前に夢を現実に引き起こすには、あなたの想像による、「引き起こしの法則」がとても重要です。あなたの成功につながる1冊となりますように願っております。

【お金の磨き方】

10円玉編

簡単

1、容器に10円を入れる
2、タバスコを入れて1分漬け込む。(様子を見て2～3分漬け込む)
3、取り出して水洗い
4、歯磨き粉を付けて歯ブラシで磨く（表、裏、何枚かつなげて側面)
5、乾拭きのタオルで拭いて仕上がり

より綺麗に

1、ピカールキラー　30倍液
2、30～40分つけ置き
3、取り出して水洗い
4、歯磨き粉を付けて歯ブラシで磨く（表、裏、何枚かつなげて側面)
5、乾拭きのタオルで拭いて仕上がり

5円玉編

簡単

1、容器に5円を入れる
2、タバスコを入れて1分漬け込む。(様子を見て2～3分漬け込む)
3、歯磨き粉を付けて歯ブラシで磨く（表、裏、何枚かつなげて側面)
4、ピカールを付けてタオルで磨く（表、裏、何枚かつなげて側面)
5、容器に5円を入れる
6、中性洗剤の原液と少量の水につけて黒ずみを洗い流す
7、乾拭きのタオルで拭いて仕上がり

より綺麗に

1、ピカールキラー　30倍液
2、30～40分つけ置き
3、歯磨き粉を付けて歯ブラシで磨く（表、裏、何枚かつなげて側面)
4、ピカールを付けてタオルで磨く（表、裏、何枚かつなげて側面)
5、容器に5円を入れる
6、中性洗剤の原液と少量の水につけて黒ずみを洗い流す
7、乾拭きのタオルで拭いて仕上がり

著者略歴

牧野　義樹（まきの　よしき）

代官山から美容人生が始まり、横浜、ロンドンを経て都内数店舗にて店長歴任。美容師歴 20 年以上。文京区で「カシュカシュ」をオープンして経営暦10 年を迎える。
来店理由があれば宣伝しなくても、「お客様は集まる」を掲げて、宣伝を一切せずにスタート。
10 年間で、美容室経営の講師。経営コンサルタント資格取得。心理カウンセラー資格取得。福祉理美容師資格取得。
右脳開発ディプロマ取得など数々の資格を取得してそれを生かす「髪は性格を表す」の講演会を開催するなど美容と心理学などを融合させた新しい分野の美容室を展開中。
「元気の出る心理カウンセリング美容師」として現場にも立ち続けている。
シンガポールやドイツ、アメリカなどからも定期的にお客様が来店している。

磨いたお金をお釣りとして出している美容室のアドレス
http://cachecache2007.com/
フェイスブック　https://ja-jp.facebook.com/cache2.hair

お金磨きから学んだ「引き起こしの法則」

2016年 4月22日　初版発行

著　者　牧野　義樹　©Yoshiki　Makino
発行人　森　　忠順
発行所　株式会社 セルバ出版
〒 113-0034
東京都文京区湯島 1 丁目 12 番 6 号 高関ビル 5 B
☎ 03（5812）1178　FAX 03（5812）1188
http://www.seluba.co.jp/
発　売　株式会社 創英社／三省堂書店
〒 101-0051
東京都千代田区神田神保町 1 丁目 1 番地
☎ 03（3291）2295　FAX 03（3292）7687

印刷・製本　モリモト印刷株式会社

Printed in JAPAN
ISBN978-4-86367-263-5